KB235098

MZ세대 수난기

자존감? 타존감!

당신을 존중하는 마음을 담아서,

MZ세대 수난기

신건희 에세이

자존감?

타존감!

　- 그놈의 'MZ세대'

　최근 들어 소위 'MZ세대'만큼 남용되는 개념도 드물다. 'MZ세대'라는 단어는 밀레니얼 세대(81년~96년생)와 Z세대(97~12년생)를 아우르는 장장 30년의 세월을 단번에 묶어버린다. 'MZ세대'가 쓰이는 맥락은 크게 두 가지다. 이들에게 특정 제품이나 서비스를 팔아야 할 때, 그리고 '요즘 젊은것들'의 순화된 버전이 필요할 때.

　각종 미디어나 젊은 세대에 슬그머니 다가가고 싶은 기업은 'MZ세대' 담론을 꺼내놓는다. 마케팅에는 타겟팅(Targeting)이라는 개념이 있다. 일정한 기준을 토대로 인구 집단을 나누고 특정 카테고리에 소구하기 위한 전략을 짜는 단계다.

　이런 관점에서 'MZ세대' 담론이란 꽤 게으른 방식의 타겟팅이라고 할 수 있다. 상식적으로 생각해도 10대와 40대에게 같은 전략이 먹힐 리 만무하다. 당장 같은 젊은세대끼리도 서로를 완전히 알기 어려운데 이들을 한 바구니에 몽땅 담으려고 하다니. 이건 순진하다 못해 무모한 시도다.

다만 이런 시도가 전방위적으로 나타나는 건 그만큼 '요즘 젊은것들'을 어떻게든 이해하고 싶은 마음이 커서다. 분명 나와는 다른 존재인데, 뭔가 꼬리표가 없으면 안 될 것 같은데, 그렇다고 '요새 것들'로 시작하는 라떼 스토리를 풀어놓으면 꼰대라는 멸칭을 듣게 될 것 같다. 그래서 입밖으로 간신히 나온 단어. 그놈의 'MZ세대'.

세대론 전체가 무의미하다고 비난할 수는 없다. 개개인은 저마다 다를 수 있지만, 통계적으로 유의미하게 나타나는 각 세대의 특성이 존재하기 마련이니까. 다만 세상만사가 그러하듯 문제는 항상 균형에 있다.

특정 세대를 단정적으로 정의할수록 개별성을 해치게 된다. 반대로 모든 사람을 개별적으로 바라보자니 너무 많은 에너지가 들어간다. 혹자는 개인을 특정한 집단으로 정의

하는 행위 자체를 부정적으로 바라본다. 물론 단 하나의 집단 정체성으로만 누군가를 이해하는 건 폭력이다. 그렇다고 집단 정체성으로 개인을 설명하는 게 불가능할까?

개인은 세상과 분리된 존재가 아니다. 오히려 세상을 담아내는 그릇이다. 세상에는 수많은 집단 정체성이 있다. 수많은 정체성 안에서 다양한 조합이 나온다. 그 조합은 개인이라는 그릇 안에서 요동친다. 즉 개인이란 집단의 집단이다.

각각의 집단 정체성은 '나'를 구성한다. 삶에도 지대한 영향을 미친다. 동시에 개개인이 집단 정체성을 자신만의 방식으로 받아들인다는 점도 기억해야 한다. 바로 이 지점에서 개인의 고유성이 피어난다.

사실 "MZ세대에 대한 책을 써보자!"라고 호기롭게 시작했지만, 여러 질문이 마음속을 떠돌았다. 'MZ세대'로 묶는 걸 비판하면서도 나 역시 젊은 세대와 기성세대를 손쉽게 나눠버리는 건 아닐까? 분리를 위한 분리, 혐오를 위한 혐오는 이미 차고 넘치는 세상에 이 책이 나올 이유는 뭘까?

신형철 작가는 책 『정확한 사랑의 실험』에서 "정확하게 사랑받지 못하는 사람은 고통을 느낀다."(신형철, 정확한 사랑의 실험, 마음산책, 2014)고 말한다. 사랑이라는 단어가 너무 말랑말랑하게 느껴진다면 최소한의 이해나 존중 정도로 바꿀 수 있다. 사랑도, 이해도, 존중도 결국 정확하게 알아야 가능한 행위다. 무지는 때로 죄가 된다.

물론 이런 시도조차 정확하지 않을 수 있다. 다만 '그놈의 MZ세대'로서 이 땅에 발붙이고 살아가며 느끼는 현실을 담고자 했다. 누가 더 힘든 세대인지 우열을 가리기 위해서가 아니라, 갈등의 장벽을 허물고 타인을 존중하기 위해.

2023년 가을, 경기도에서.

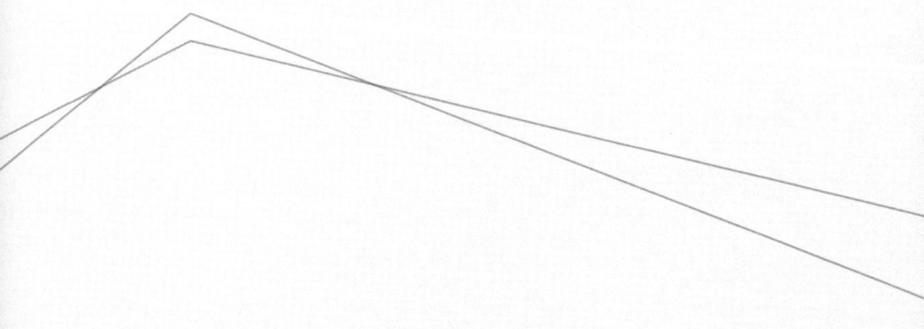

일

주 52시간 같은 소리 하네

독일에서 교환학생을 하던 시절의 일이다. 동네를 돌아다니고 있는데 교통체증으로 길이 꽉 막혀있다. 현지인 친구에게 오늘 무슨 행사라도 있냐고 물어봤다. 퇴근길 러시아워(Rush hour)란다. 황당할 정도다. 시계를 보니 3시 정도밖에 안 되었는데 러시아워라니. 저녁 6시에 '안전 칼퇴'를 하는 것이 사내 복지로 받아들여지는 나라에서는 상상하기 어려운 풍경이다.

황당한 경험은 여기서 그치지 않는다. 주말만 되면 마트가 문을 닫질 않나, 금요일에는 다들 오전 근무만 하고 집에 가질 않나, 대부분의 공공서비스가 예약제로 운영되질 않나. 필요할 때마다 자판기처럼 이용할 수 있는 한국의 서비스에 비하면 불편한 점 투성이다.

2022년, 고용노동부는 '인구 고령화로 인한 생산가능인구 감소로 노동생산성과 성장잠재력 약화가 우려된다'며 현행 주 52시간 근로시간제를 개편하겠다는 뜻을 밝혔다. 2018년부터 간신히 시행되어 온 제도를 손보겠다는 브리핑이 나오자마자 엄청난 논란이 일었다. 최근 쟁점이 된 이른바 '69시간 근무제' 역시 같은 맥락에서 맹비난받았다.

한국 임금노동자의 연간 근로 시간이 OECD에서 최고 수준이라는 점은 이미 잘 알려진 사실이다. 2021년 기준, 한국 노동자의 연간 근로 시간은 1,928시간이다. 독일 노동자에 비하면 576시간을 더 일한다. 하루 8시간 근로를 기준으로 하면 72일을 더 쓰는 셈이다.

1년에 72일을 더 일하는 나라와 그렇지 않은 나라. 그 괴리감은 피부로 느껴질 정도다. '적일많버'(적게 일하고 많이 버세요.)가 덕담으로 오가건만 적게 일하는 것도, 많이 버는 것도 둘 다 요원하다. 사실 둘 중 하나라도 하고 있다면 운이 좋다.

아침이 있는 삶까지는 바라지 않는다. 저녁이라도 있어야 할 것 아닌가. 현행 52시간 근무제조차 저녁을 온전히 누리기에는 턱없이 부족하다. 버스나 지하철에 몸을 욱여넣는 인고의 순간은 근로 시간에 포함되지 않으니까.

워라밸의 '워' 자라도 뱉어내려면 "역시 요즘 MZ들은…"으로 시작하는 비수를 피해 달아나야 한다. 인사와 동시에 가방을 챙기고, 미처 상사가 정신을 차리기 전에 사무실을 나서는 신속함이 포인트다. 그렇지 않으면 기어이 뒤에 이어지는 대사에 발목이 잡히고 만다. "…회사보다 자기 삶이 우선이구먼, 허허. 나 때는 그러지 않았는데…"

국내 1인당 GDP(국내 총생산)는 2020년을 기점으로 이미 3만 달러를 넘었다. 보릿고개를 매년 힘들게 넘기며 신음하던 과거에 비하면 눈이 부신다는 말로도 부족하다. 나라와 가정을 위해 희생한 국민이 빚어낸 기적이다.

과거 정부는 젖과 꿀이 흐르는 선진국에 대한 서사를 풀어놓았다. 지금은 이렇게 고생하지만 언젠가 선진국이 되면 그 과실을 모두가 나눠가질 수 있다고. 그러니 지금은 자신을 불살라 성장의 동력이 되어달라고 호소했다.

이 스토리는 꽤 많은 사람을 매료시켰다. 효과도 확실했다. 그리고 세계 10위권의 경제력을 갖추게 된 지금도 '나는 아직 배가 고프다'며 그 질긴 생명력을 유지하고 있다. 대체 구원의 날은 언제 찾아오는 건지 궁금하다.

이런 궁금증이 슬쩍 고개를 들 때마다 위에서는 '한국은 유례없는 위기 상황'이라며 타이른다.

"사실 위기 상황은 건국 이래로 늘 있지 않았나요?"

"이번에는 차원이 다르단다. 그러니 선진국이 되기 전까지는 조용히 있으렴."

"그게 언제인가요?"

"언젠가는 찾아오겠지만 지금은 아니란다. 자, 일해야지?"

넵넵.

픽 미 픽 미 픽 미 업

오랜 세월이 흘렀지만, <프로듀스 101>은 꽤 인상 깊은 프로그램이었다. 막후에서 진행되던 아이돌 채용 과정을 전 국민 앞에 드러낸 까닭이다. 101명의 아이돌 후보생이 나와 <Pick Me>라는 노래에 맞춰 칼군무를 추던 장관은 지금도 잊을 수 없다. 한명 한명이 간절하게 손을 뻗어 외친다.

픽 미 픽 미 픽 미 업. 나 좀 뽑아주세요. 픽 미 픽 미 픽 미 업.

사실 TV 프로그램의 형식으로 풀어내서 그렇지, 익숙한 장면이다. 지금도 수많은 취업준비생과 수험생이 '픽 미 업'을 되뇐다. <프로듀스 101>은 9.18:1의 경쟁률을 기록했다. 하지만 그보다 희박한 가능성에 목을 매고 있는 사람 정도는 주변에서 쉽게 찾아볼 수 있다. 시간을 조금 더 돌려 조선시대로 가면 그 유명한 과거시험이 약 2,000:1의 경쟁률을 자랑한다. 한정된 자리를 두고 의자 뺏기를 하는 문화는 실로 유구한 역사를 자랑한다.

저언하, 저를 제발 뽑아주시옵소서. 픽 미 픽 미 픽 미 업.

97년도 IMF 사태가 터지고 기존 경제체제가 붕괴한다. 당시 정부는 국제통화기금(IMF)의 구제금융과 함께 노동시장 유연화 정책도 함께 받아들인다. 그 뒤로 노동 시장은 아주 유연하게 몸을 뻗더니 거의 연체동물이 된다. 대표적인 현상이 비정규직의 대량 양산이다. 2021년 기준, 전체 임금 근로자 중 비정규직의 비율은 43.0%다. 정규직 대비 비정규직의 임금 비율은 63.6%다. 언제 끝날지 모르는 불안한 고용관계는 덤이다.

그렇다면 작금의 사태를 야기한 정부에 대한 분노의 물결이 삼천리강산을 뒤덮어야 하는 게 아닐까? 이런 생각을 단번에 깨부수어 준 계기가 2020년에 일어난 소위 '인국공 사태'다. 인천국제공항공사(이하 인국공)가 비정규직 보안검색요원 약 1,900명을 정규직으로 채용하고자 한 정책이 논란의 중심에 섰다. 공기업 취업준비생들은 이제 공부할 이유가 없어졌다며 부러진 연필 사진을 소셜 미디어에 올리기 시작했다. 공기업 비정규직의 정규직화를 막아달라는 청와대 국민청원도 올라왔다.

공정성과 노력. 청년 세대에 남아있는 마지막 보루다. 이들의 분노는 겉으로는 '인국공'을 향한다. 조금 더 깊게 파고들면 '성과란 공정하게 노력하여 얻어낸 결과물이어야 한다'는 추상적 분노에 가깝다. 인국공은 그저 모두가 가리키는 손가락 끝에 놓여 있을 뿐이다.

물론 온정주의로 모든 문제를 해결할 수는 없다. 다만 정말로 비정규직의 정규직화가 불공정의 산물인지, 또한 연필까지 부수며 지키고자 했던 노력이 공정성을 가르는 척도가 될 수 있을지 물어야 한다.

적어도 명시적으로는 신분제도가 사라진 시대다. 이제 불평등을 정당화하는 건 능력주의다. 부자가 사회적 부를 쓸어 담는 이유는 뭘까? 그가 고귀하게 태어난 사람이어서가 아니라, 자기 능력을 아낌없이 발휘했기 때문이다.

이는 반대로 말하면 가난한 이가 밥을 굶는 건 '본인의 능력 및 노력 부족 때문'이다. '공정하게' 설계된 시스템 하에서 일어난 경쟁의 결과를 받아들여야 한다는 것. 이게 능력주의의 제1 규칙이다.

인국공 사태는 이 지점에서 능력주의 신자의 역린을 건드린다. 제대로 된 채용 과정 없이 비정규직으로 들어간 사람은 정규직이 될 자격이 없다는 것이다. 만약 정규직이 되고 싶거든 우리처럼 NCS(국가직무 능력표준) 시험을 치르고, 에너지 드링크를 위장에 쏟아붓고, 도서관 지박령이 되어야 한다. 일견 그럴듯하다. 그런데 이런 생각이 과연 공정할까?

마이클 샌델 교수는 책 『공정하다는 착각』에서 능력주의를 강하게 비판한다. 어떤 시스템이든 완벽하게 공정할 수 없다. 사람마다 가지고 있는 지능, 부모의 재력, 건강, 운이 다르기 때문이다. 같은 노력을 해도 누군가는 상대적으로 수월하게 문턱을 넘는다. 다른 누군가는 아무리 시도해도 탈락의 고배를 마신다.

결과물만으로 한 사람을 온전히 판단할 수는 없다. 결과에는 수많은 요소가 영향을 미친다. 운도 여기에 포함된다.

그것도 아주 큰 비중으로. 따라서 공정한 기회만큼이나 분배의 정의도 이루어져야 한다. 한번 실패했다고 해서 나락으로 떨어지거나, 한번 성공했다고 해서 모든 사회적 부를 독식해서도 안 된다.

양극화가 심해지면 공정성이라는 원칙마저 쉽사리 무너진다. 고위층 자녀가 누리는 '부모 찬스'가 얼마나 만연해 있는가. '유전무죄, 무전유죄'라는 말이 공공연하게 쓰이는 사회다. 거칠게 그어진 노력이라는 선 하나로 그 모든 불공정을 해결할 수는 없다.

앞서 언급한 <프로듀스 101> 역시 불공정 이슈에서 벗어나지 못했다. 오디션 결과가 조작되었다는 증거가 속속 발견되었다. 국민 프로듀서를 운운하며 '저희는 공정한 능력주의를 통해 인재를 선발합니다'라던 제작진은 위선자였다.

간담이 서늘하다. 전 국민이 지켜보는 프로그램에서도 온갖 부정이 판을 친다. 사각지대에서는 오죽할까. 얼마나 많은 이들이 내정자가 아니라는 이유로 탈락해야 했을까. 또 얼마나 많은 이들이 탈락의 이유를 오로지 '자기 능력 및 노력 부족'으로 돌리며 자책해야 했을까.

픽 미 업을 외치며 뻗은 저 수많은 손을 보라. 저들에게 "이번 게임은 졌지만 다음 게임이 있어."라고 대책 없는 위로를 건넬 수 있을까? 그런 판에 박힌 말조차도 삼키게 된다. 공정이라는 거짓말을 도무지 믿기가 어려우니까.

퇴근한 김에 퇴사까지

젊은 세대는 퇴사를 꿈꾼다. 단순히 꿈만 꾸는 게 아니라 적극적으로 실천에 옮긴다. 구인·구직 플랫폼 사람인이 조사한 바에 따르면 신입사원의 1년 이내 퇴사율은 23.2%다. 경력 2년 이내로 확장하면 거의 절반 가까이가 퇴사를 결정한다. 직장인의 2대 허언이 "나 퇴사할 거야."랑 "나 유튜브할 거야."라는 우스갯소리가 있다. 이렇게 보면 적어도 퇴사하겠다는 건 거짓말이 아닌 셈이다.

퇴사 릴레이가 이어지자 직장에서는 난리가 난다. 일반적으로 5년에서 7년 정도 업무를 익혀야 회사에 보탬이 될 수 있는데 3년이 채 지나기도 전에 절반이 나가버리니 말이다. 특히 중소기업의 경우 코로나19 사태로 인한 구인난까지 겹쳐 발을 동동 구르고 있다.

처음에는 'MZ세대'의 개인주의나 열정 부족 탓을 하더니 요즘에는 조금 목소리를 가다듬는 모양새다. 뒤통수에 대고 아무리 욕을 해봐야 소용이 없다는 걸 깨달은 탓이다. 이제야 '어떻게 하면 어르고 달래 다시 회사로 데리고 올 수 있을까?' 하는 고민을 시작한다. 사내 문화를 개선하기도 하고, 소통창구를 늘리기도 하고, 연봉을 올려주기도 한다. 물론 최소한의 노력조차 하지 않는 곳이 수두룩하지만 말이다.

100명의 퇴사자가 있다면 100개의 이유, 그리고 욕망이 있다. 퇴사하는 가장 근본적인 이유는 뭘까? 자신의 욕망을 현재의 직장이 충족시켜 줄 수 없다는 판단 때문이다. 누군가는 많은 돈을 벌고 싶어 한다. 누군가는 업무에서 주체성을 갖고 싶어 한다. 누군가는 의미 있는 일에 투신하고 싶어 한다.

만약 많은 돈을 벌고 싶다면 각종 부업, 금융투자 등에서 유의미한 수익을 내는 게 가능하다. 자기 일을 하고 싶은 사람이라면 크리에이터나 사업가의 길을 걸을 수 있다. 직장이 곧 직업이던 시절은 갔다. 여러 개의 직업을 동시에 갖는 N잡러의 시대가 도래했다. 이런 상황에서 겸직을 틀어막고 야근으로 진을 빼놓으니 아예 회사를 박차고 나간다.

조금만 이야기를 나눠봐도 직장인 상당수가 퇴사를 꿈꾼다. 하지만 망설인다. 힘들게 들어갔으니, 본전은 건져야 한다는 생각도 가지고 있고, 무작정 나오기에는 불안하기도 하고, 그냥 귀찮기도 하다. 관성의 법칙은 정신세계에도 똑같이 적용된다. 멈춰있던 사람은 계속 그 상태에 머물려고 한다. 다른 세계가 있다는 걸 아는 사람은 익숙함을 뒤로 하고 떠난다.

이직을 제외하면 퇴사 이후의 세상에는 아직 안정적인 대안이 없다. 당연하다. 제도권 밖의 들판은 춥고, 배고프고, 위험한 법이다. 따뜻한 울타리 안에 오래 기거할수록 바깥세상에 대한 두려움은 더 커진다. 파랑새가 회사 밖에 있다는 걸 깨달아도 마찬가지다. 언젠가는 퇴직하고 나와야 하지만 그때의 일은 막연하게 다가온다. 적어도 지금은 아니다. 그러니 버틸 수 있을 때까지 버티자. 그렇게 다음 월급날을 기다리며 하루하루가 지난다.

그렇다면 회사 입장에서는 이제 한숨 돌리고 열심히 채찍을 때리면 되는 걸까? 안타깝게도 그렇지 않다. 세계에서 가장 심각한 수준의 저출생이 만성적으로 자리 잡았기 때문이다. 1990년대 초 70만 명이 넘었던 연간 출생아 수는 2022년 기준 24만 명대로 떨어졌다. 이는 채용의 대상이 되는 인력 풀(Pool)이 과거의 3분의 1 정도가 된다는 것을 뜻한다. 중소기업은 일할 사람을 구하지 못하고, 지방대학도 문을 닫아야 할 판이다.

출생아 수가 20만 명 아래로 떨어진다면 철밥통 같은 직장도 위험하다. 조금이라도 더 나은 대안을 찾아 이리저리 옮겨 다닐 게 뻔하기 때문이다. 어차피 갈 곳은 많다. 한국처럼 이민자도 잘 받지 않는 나라에서는 해외인력으로 충원하기도 어렵다.

이런 상황에서 개인은 어떤 선택을 내려야 할까? 당장 퇴사해서 사업을 시작해야 하나? 아니면 더 유리한 조건을 제시하는 직장으로 옮겨야 하나? 이곳에 뼈를 묻어야 하나? 사는 게 머리 아픈 이유는 단순히 할 수 있는 게 없어서가 아니다. 선택지는 많은데 어느 것 하나 손대기가 쉽지 않기 때문이다. 작게 보면 의사결정의 문제지만 근본적으로는 삶의 기준을 묻는다.

난 무엇을 따라 살 것인가? 세상만사가 그러하듯 자기 기준이 제대로 서 있지 않으면 뻣뻣하게 굳어버리거나, 잘못된 선택을 내리게 된다. 선택의 결과는 미리 알 수 없더라도 동기는 명확해야 한다. 그래야 어떤 결과가 나오든 후회가 없다.

전작인 『퇴근한 김에 퇴사까지』의 서문 일부를 발췌하며 끝을 맺고자 한다.

무언가를 한다고 해서 반드시 이루어지는 건 아니다. 이루어짐은 대부분 운에 좌우된다. 노력은 다만 그 운을 담아낼 그릇을 빚어내는 작업이다. 결과가 어떻게 될지는 알 수 없다. 하지만 적어도 그릇을 빚어내며 그 결마다 느껴지는 감촉에, 그 눅진한 향에 한껏 스며들 수 있다.

삶에 스며듦. 그건 삶만으로 내 안을 충만하게 채워가는 과정이기도 하다. 충만함을 경험하지 못하는 이들은 외부 세계에서 자신의 갈증을 푼다. 그게 꼭 나쁜 건 아니다. 하지만 언제가 이런 질문에 답해야 한다. '이게 다 무슨 소용이지? 왜이리 허무한 걸까?' 회사에 다니면서도 수없이 답해야 했던, 대개는 애써 무시하며 덮어야 했던 의문. 내가 퇴사하는 진짜 이유는 어쩌면 충만함을 위해서일지도.

여전히 난 재입대하는 악몽을 꾼다

완연한 봄기운이 찾아오고 꽃향기가 어디선가 살랑살랑 날아오면 들뜬 기분과 함께 스산한 느낌이 등골을 스친다. 딱 이맘때였다. 연병장에 모여 입대를 한 건. 지금으로서는 꽤 오래전 기억임에도 여전히 하나의 트라우마로 남아있다. 하긴 나이 든 할아버지도 재입대하는 꿈을 꾸면 비명을 지르며 깬다는 도시 전설 같은 이야기도 전해져오지 않는가. 그래서일까? 모두가 군대 이야기를 하지만 실은 아무도 군대에 대해 말하지 않는다.

맨손으로 멧돼지를 잡았다느니, 날아가던 까마귀가 그대로 얼었다느니 하는, 사실인지 거짓인지 판별하기조차 어려운 '은 심심찮게 재생산된다. 여기에 술까지 들어가면 감정이 격해지며 군대 썰이 깊어져 간다.

그러다 대개는 "이거 내가 괜한 소리를 했구먼. 분위기 처지게 군대 얘기나 하고 말이야, 하하하.” 이러면서 괜히 술을 한잔 홀짝인다. 동석자의 미간 주름이 깊어지는 걸 본능적으로 알아채서다. 군대 이야기란 그런 것이다. 무한리필 기본 안주 이상의 비중을 차지하는 순간 눈살이 찌푸려지는. 그래서 모두가 얼버무리게 되는.

하지만 감히 말하건대, 군대 이야기는 충분히 또 제대로 다루어져야 한다. 군 복무라는 특수한 경험이 한국인의 삶에 어떠한 영향을 미치는지 이야기해야 한다. 그렇지 않으면 이해할 수 없는 사건이 도처에서 벌어지고 있으니까. 그리고 '군대 같지도 않은 요즘 군대' 생활도 인생에서 여전히 큰 비중을 차지하고 있으니까.

군 복무를 하며 경험적으로 체득한 건 '한 사람의 인격을 시험해 보려면 그에게 권력을 주라'는 문장이다. (그리고 여느 명언이 그러하듯 링컨의 말이 아니라고 한다.) 사실 꼭 군대가 아니라도 쉽게 알 수 있다. 학창 시절, 싸움을 잘하는 아이들은 다른 학생 위에 군림하여 조그마한 권력을 누린다.

나이든, 직급이든, 재산이든, 하다못해 덩치가 됐든 뭔가 하나라도 우위에 있다고 생각하면 그 사람의 본모습이 드러난다. 예의범절을 가볍게 벗어던진 모습을 보여줘도 아무런 부작용이 없으니까. 혹은 그렇게 믿으니까.

그런데 군대에서는 '조금 더 먼저 들어왔다'는 사실 하나로 그 모든 특권이 정당화된다. 사회처럼 평판 관리를 할 필요도 없다. 어차피 전역하고 나면 보지 않을 사람들이다. 권력이라는 망치를 쥐여주니 모든 후임이 못으로 보인다. 그리고 대개는 그 망치를 휘두르는 데 주저함이 없다. 한 대라도 묵직하게 얻어맞은 이는 눈이 벌게져서 분풀이할 대상을 찾는다. 그렇게 '내리갈굼'의 향연이 펼쳐진다.

군대 특유의 악·폐습도 그런 이유로 대대손손 전해진다. "어차피 네가 나중에 상병장이 되면 다 누릴 텐데, 그때 가서도 고생할래?" 실은 조직의 악·폐습이란 피라미드 맨 위에 있는 자에게는 비정상적일 정도의 편의를 제공한다. 과잉 의전이나 수직적인 조직문화는 대개 '아랫사람'에게나 문제가 된다. 그 모든 권리를 누릴 수 있는 이들은 불만이 없다.

한 선임이 있었다. 그는 일병 시절 자신의 선임에게서 온 갖 멸시를 받으며 군 생활을 견뎌왔다. 심지어 출신 지역에 대한 멸칭까지 들어가면서. 그리고 병장이 되자 그 역시 후 임들을 괴롭혔다. 힘들었던 과거를 털어놓으며 담배를 피던 모습이 무색할 만큼.

이런 장면을 볼 때마다 '군대만 가면 사람이 이상해진다' 고 여기기 쉽다. 사실 그보다는 '본디 가지고 있던 병리성을 마음껏 펼쳐 보일 수 있어서'라고 보는 게 더 정확하다. 그리고 이러한 병리성은 담장 밖에서도 이어진다. 상당수의 남성이 군대를 경험하고 대부분의 권력자가 남성인 상황에서 군대문화는 사회문화, 회사문화에 녹아든다.

군대마저 '탈 군대식'을 외치는데 여전히 군대식 문화를 강요하는 조직이 장마철 곰팡이처럼 남아있다. 대학생 선배가 후배를 무릎 꿇리고, 군대를 다녀오지 않아서 사람이 되지 않았다는 빈정거림이 오간다.

제대로 된 보상도 받지 못하고 청춘의 가장 빛나는 시기를 날려버린 이들의 불만 역시 만만치 않다. 제대하고 받을 수 있는 건 (무상에 가까운 노동력을 제공해 줘서) 고맙다는 말 한마디, 그리고 (응하지 않으면 3년 이하의 징역, 3천만 원 이하의 벌금에 처할 수 있는) 예비군 훈련 통지서다.

다만 이 땅의 남성들은 대개 자신의 '나약한 감정'을 억누르길 강요받으므로 잘 드러내지 않을 뿐이다. 그러다 술이 거나하게 들어가 통제력이 흐트러진 순간에야 묵혀왔던 군대 이야기가 혀끝으로 기어 나온다.

동정할 것도, 비웃을 것도 없다. 삶은 누구에게나 힘들다. 군대를 다녀왔든, 그렇지 않든, 최전방을 갔건, 최후방을 갔건 모두가 각자의 인생을 어깨에 짊어지고 간다. 다만 각각의 힘듦이 충분히 이야기되지 않았을 때 구천을 떠도는 원혼이 된다. 한을 품은 악귀는 반드시 누군가를 해한다. 그전에 씻김굿을 해야 한다. 서로가 서로의 말을 더 정확히 들어야 한다.

놀면 뭐 하니

여러 개의 직업을 통해 자아와 지갑의 빈 구멍을 철저하게 메운다는 N잡의 기본 아이디어는 일견 굉장히 매력적이다. 하나의 직장, 하나의 직업에만 의존해서는 수시로 엄습하는 실존적 공허감과 카드 빚의 정밀타격에서 벗어날 수 없기 때문이다. 특히 수시로 퇴사를 꿈꾸는 젊은 세대에게는 더욱 매력적인 삶의 대안으로 다가온다.

다만 N잡이 소위 '안정적인 직장'을 온전히 대체할 수 있는지, 설령 대체 가능하다고 해도 그 자체로 아무런 문제가 없는 것인지 찬찬히 돌이켜봐야 한다. 왜냐면 N잡이란, 사회가 방기한 개개인의 인생을 스스로 챙기려는 자구책일 수 있기 때문이다.

보통 'N잡러'는 회사에만 의존하지 않는 인생을 살겠다며 휴일에도 손목을 갈아 넣는다. 이는 개인의 선택이면서 동시에 그렇지 않기도 하다. 본업에서 충분한 수익을 올리지 못하기 때문에, 또는 자아를 충만하게 채울 수 있는 환경을 기성 직장이 제공해 주지 못하기 때문에 내몰린 측면이 있다는 말이다.

한 일에만 몰두하는 것이 좋은지, 혹은 다양한 직업에 동시에 몸담는 게 좋은지는 말하기 어렵다. 상황에 따라, 사람에 따라 답변이 달라질 수밖에 없다. 나는 다양한 일을 벌이는 걸 좋아하고, 또한 자유에 대한 열망이 있다. 한 회사에 마냥 매달리는 건 성미에도 맞지 않았고 비전도 없어 보였다. 그렇게 하나둘씩 일을 맡다 보니 어느새 휴일에도 글을 쓰는 훌륭한 N잡러가 되어 있었다.

가끔은 이 모든 일이 일종의 자기 착취가 아닌가 하는 불안감에 잠시 펜을 내려놓을 때가 있다. 만약 회사가 휴일에도 추가 근무를 강요했다면 상당한 불만과 함께 퇴사를 심각하게 고려했으리라. 그런데 그저 내가 '내 일'을 한다는 이유 하나만으로 쉬는 날 없이 일하는 게 정당화된다. 아무도 지시하지 않은 일이니 탓할 건 오로지 자신뿐이다. 게다가 여느 사람이 그러하듯 나 역시 자기합리화의 달인이다. 그래, 놀면 뭐 하겠어. 일해야지.

N잡 자체가 마치 모든 경제적 문제를 일거에 해결해 줄 마스터키라고 생각하면 곤란하다. 또한 '회사 가기 싫다'는 이유로 막연하게 N잡러를 꿈꾼다면 이 역시 그리 좋지 못한 태도다.

혹자는 패시브 인컴이나 수익 자동화, 경제적 자유 등의 달콤한 단어를 쓰며 검증되지 않은 자신의 성공사례를 여러 포맷으로 판매한다. 따라 하기만 하면 월 천만 원을 누워서 벌 수 있다는 유료 강의, 받기만 해도 돈이 술술 들어온다는 유료 코칭, 심지어 인생의 공략법을 알려준다는 고가의 컨설팅까지.

그토록 손쉬운 방법으로 막대한 부를 쟁취할 수 있다면 모두가 돈방석에 앉았어야 맞다. 하지만 그런 일은 일어나지 않는다. 그 유료 컨설팅이 순도 100%의 거짓말이어서가 아니다. 저들은 어디까지나 자기 경험을 말하고 있다.

다만 그 경험이 마치 절대적인 진리인 양 과장할 뿐이고,

실패할 가능성이 높다는 점을 고지하지 않을 뿐이고, 방금 받은 컨설팅 비용을 통해 경제적 자유를 유지하고 있다는 걸 숨길 뿐이다.

한국 사회에서 N잡은 경제적 자유라는 키워드와 강하게 엮여 있다. 그래서 어떻게든 여러 부업을 통해 큰 수익을 올리려 한다. 가능한 한 빠르게. 이런 욕구를 가진 이에게 유료 컨설팅이란 달콤한 유혹이다. 그렇게 애매한 진리와 사기의 중간에 있는 모호한 담론이 모두의 지갑을 노리고 있다.

사실 N잡에게는 죄가 없다. 다만 지독한 오해를 받고 있을 뿐이다. N잡이란 자신에게 맞는 일을 찾아가는 여정에서 필요한 동반자다. 떠밀리듯 사회에 나와 바로 천직을 찾을 수 있다면 좋겠지만 그건 거의 불가능한 일이다. 애초에 그 천직마저도 상황이 달라지면 효력을 다 한다.

'잡'(직업)이라는 말에 속을 필요도 없다. 설령 지금은 수익이 나지 않더라도 꾸준하게 하는 일이 있다면 얼마든지 인생의 다음 단계에 대한 힌트를 얻을 수 있다. 해보지 않고 말하기란 얼마나 쉬운가. 막상 그 일을 해내기란 얼마나 어려운가.

미래 인간의 일

'어제를 생각하면 우울하고, 내일을 생각하면 불안하다'
는 말이 있다. 이미 흘러가 버려 더 이상 어찌할 수 없는 과
거와, 어떻게 될지 알 수 없는 미래를 마주한 감정을 단적으
로 표현한 문장이다. 인류의 현자들은 말한다. 과거나 미래
에 집착하지 말고 현재만 바라보라고. 오로지 지금, 이 순간
만이 실재한다고.

맞는 말이다. 하지만 착각하면 안 된다. 오늘을 살라고 해
서 역사를 잊거나, 곧 찾아올 운명을 무시하라는 말이 아니
다. 어차피 나를 포함한 보통의 인간이란 과거와 미래에서
벗어날 수 없는 법이다. 완전하게 초연해질 수 없다면 앞뒤
로 펼쳐진 시간의 테두리를 더듬어 지혜를 배우는 것이 올
바른 태도다.

우선 잊지 말아야 할 건 한없이 겸손해야 한다는 것이다.

PC나 인터넷처럼 지금은 당연하게 여겨지는 기술도 불과 몇십 년 전에는 불가능한 것으로 치부되었다. 심지어 당시 기술 분야에 있어 최고 권위자의 입에서 나온 말이었다.

미래를 정확하게 예측할 수 있는 사람은 없다. 기술이 아무리 발달해도 불가능한 일이다. 마치 미시세계처럼 인간 세계에도 불확정성의 원리가 적용된다. 사람은 기계가 아니다. 사람이 모인 사회는 일종의 혼돈이다.

예측 자체가 결과에 영향을 주는 경우도 허다하다. 주식시장이 대표적이다. 특정 종목의 주가가 오른다고 전문가가 예상하면 실제로 가격이 상승한다. 해당 종목에 많은 투자자가 몰려 매수가를 올려놓기 때문이다.

미래를 예측한다는 건 항상 조심스러운 일이다. 단서는 오로지 현재까지의 데이터뿐이고, 그 데이터를 상상이라는 상자에 넣어 흔들어야 한다. 과거에는 종이 편지를 빠르게 배송하는 시스템이 미래에 개발될 것이라고 여겼다. 가스를 채운 관을 통해 봉투가 오가는 모습이었다.

이들은 이메일과, 문자 메시지와, 소셜 미디어를 예측하지 못했다. 사실 당시로서는 불가능한 일이다. 차라리 손에 쥔 편지가 아주 신속하게 전해질 거라고 예측하는 게 더 논리적이다.

권위자의 말도, 현재를 기반으로 한 예측도 내일의 일을 알기에 부족하다면 대체 어디에 기대야 할까? 결국 사회의 변화를 날카롭게 잡아내어 기민하게 대처하는 수밖에 없다. 즉 예측이 아니라 대응을 해야 한다.

어차피 미래를 정확하게 아는 건 불가능하다. 하지만 더 가능성이 높은 쪽에 베팅하는 건 가능하다. 최소한 침몰하는 배에 전 재산을 맡기지만 않아도 충분하다. 그렇다면 직업, 그리고 일의 형태는 어떻게 변화할까?

가장 확연하게 알 수 있는 단서는 바로 인구 변화다. 극적인 사건이 없는 이상 인구는 예측 모델대로 흘러가기 때문이다. 인구 변화는 크게 세 가지 축으로 이루어진다. 저출생, 고령화, 그리고 1인 가구의 증가.

2022년 기준 한국의 합계출생률은 0.78명을 기록했다. 아이를 한 명만 낳아도 평균보다 더 높은 셈이다. 전 세계에

서 가장 낮은 수준이라는 건 지겹도록 들어서 아무런 감흥
이 없을 정도다. 1년에 70만 명, 100만 명이 태어나던 시기와
20만 명이 탄생하는 시기. 이 둘 사이에는 엄청난 간극이 있
다. 일자리도, 군대도, 시장도 영향을 받을 수밖에 없다.

2021년 한국의 기대수명은 83.5세로 OECD 국가 중 2위
를 기록했다. 50년 뒤인 2070년경에는 91.2세에 이를 것이
라는 말도 나오고 있다. 이 시기에는 저출생과 시너지 효과
를 일으키며 인구의 절반이 65세 이상의 노인 인구로 채워
질 예정이다. 정치적으로는 보수화 경향이 더 짙어질 것이
고, 경제적으로는 몇몇 산업군을 제외하면 크게 성장을 꾀
하기 어려워진다.

2020년 인구 주택 총조사에 따르면 국내 1인 가구는 전
체 가구의 31.7%를 차지한다. 이는 5년 만에 27.5% 증가한
수치다. 특히 29세 이하 청년 1인 가구의 증가세가 매섭다.
이제 비즈니스 모델이 1~2인 가구에 맞춰 만들어져야 한다
는 건 상식이 되었다.

어떤 일을 하든 인구 변화에서 자유롭기는 어렵다. 예를

들어, 가장 안정적이라고 여겨지는 교사도 학령인구가 감소하면 영향을 받는다. 실제로 신규 임용되는 교원의 수는 최근 꽤 극적으로 줄었다. 반면 교육대학 정원은 거의 줄어들지 않았다. 부모님의 권유로 교대 진학을 결심했다면 다시 생각해 볼 일이다. 그분들은 70~80명의 급우와 함께 수업을 받았다.

교사의 가장 큰 장점인 연금 역시 상황이 좋지 않다. 세금을 낼 사람은 줄어들고, 수령할 사람만 넘쳐난다. 자연스레 받는 돈을 줄이거나, 걷어가는 돈을 늘릴 수밖에 없다. 어느 쪽이든 교사라는 직업의 매력도를 떨어트린다.

다음 키워드는 양극화다. 누군가는 이를 평균의 종말, 중산층의 붕괴라고 부른다. 대학만 가면 어떻게든 먹고살 거라는 믿음, 어떻게든 내 집 마련을 할 수 있을 거라는 믿음, 회사가 나를 책임져 줄 거라는 믿음이 사라지고 있다.

양극화는 계층 이동의 거대한 사다리가 끊어질 때 일어나는 현상이다. 주택 공급을 비롯한 복지 정책, 표준화된 공교육 등 식'을 떠받치던 시스템이 제 기능을 하지 못할 때

발생하기도 한다. 공공 시스템은 변화에 맞추어 유연하게
바꾸기 어렵다. 그래서 항상 시차가 있다.

그동안은 그럭저럭 효력을 발휘했다. 사회가 변하는 속도
가 그리 빠르지 않았으니까. 하지만 이제 젊은 세대도 따라
가기 버거울 정도로 정신없이 흘러간다. 스티브 잡스가 자
신만만하게 아이폰을 들고나온 게 2007년이다. 불과 십수
년 전의 일이다. 이제 스마트폰은 거의 신체 일부가 되어버
렸다. 외출할 때 전 국민이 마스크를 챙기기 시작한 건 몇
년 전이다. 코로나 팬데믹은 모두의 삶을 완전히 바꾸어버
렸다.

현재 진행형인 기후변화나 저출생의 영향이 본격화된다
면 어떨까? 그때도 지금의 상식을 유지하면서 살 수 있을
까? 이제 당연한 건 없다. 아니, 애초에 당연한 건 없었다.
그저 당연하다고 믿는 사람들이 있을 뿐이다.

설령 헛스윙을 하더라도 방망이를 휘둘러야 한다. 물론
아무렇게나 내던지면 안 된다. 공부하고, 또 공부해야 한
다. 그리고 관찰해야 한다. 여타의 자기계발서가 협박하는

것처럼 흐름에 올라타지 못했다고 해서 바로 나락으로 떨어지지는 않는다. 다만 다음 파도가 올 때까지 힘든 시간을 견뎌내야 한다.

공부와 관찰은 그 기간을 감내하는 데 큰 도움을 준다. 학교를 졸업하더라도 공부는 끝나지 않는다. 끝나서는 안 된다. 사회에 진출하는 그 순간부터 다시 시작해야 한다. 소위 말하는 명문대에 입학하거나, 학위를 따기 위한 공부가 아니라, 삶 자체를 위한 공부를.

양극화에 의한 시스템의 붕괴는 대부분의 사람에게는 좋지 않은 소식이다. 시스템이 사라진 자리에는 개개인의 실력이 자리한다. 마치 좀비 아포칼립스 세상에서 지위나 학력이 아닌 생존력이 더 중요하듯이. 몇몇 대기업을 제외하면 대규모 공개채용은 폐지되고 있다. 프리랜서나 디지털 노마드의 세계에서는 사실상 실력이 전부다. 뭐라도 자기가 직접 할 줄 알아야 한다.

마지막 변수는 의미 추구다. 많은 이들이 "내가 왜 그 일을 해야 하는가?"라는 질문을 던지기 시작했다. 이는 존재로서 느끼는 실존적 고민이면서, 세상을 살아가는 방식에 제기하는 의문이다. 안타깝게도 한국 사회는 아직 여기에 대한 답변이 거의 없다. 다만 막연하게나마 그림을 그려가고 있는 단계다.

하나둘씩 은퇴하고 있는 기성세대를 보자. 그동안은 가족과 자기 자신의 '먹고사니즘'을 위해 달려왔는데 문득 뒤를 돌아보니 인제야 인생이 보이기 시작한다. 회사에 충성했던 삶, 그 와중에 힘들었던 삶, 그리고 아직도 남아있는 기나긴 삶. '한국식 정통 루트'로 살아왔지만 어쩐지 마음이 허하다.

실존적인 문제란 아파트 평수를 올리고, 회사에서 승진하는 정도로 해결되지 않는다. 물론 인간이라는 존재가 자아를 가지고 살아가는 이상 이 문제의 궁극적 해결이란 불가능하다. 대신 옆에서 정성스레 부채질을 해가며 존재의 불씨를 계속 살려낼 수는 있다. 이럴 때 '현타'(현실자각타임)가 찾아온다. 나는 무얼 위해 살아왔는가? 그리고 나는 무얼 위해 살 것인가?

젊은 세대가 회사를 박차고 나가는 건 단순히 일하기가 싫다거나, 편하게 살았다거나, 열정이 부족해서가 아니다. 이들이 과업을 이루기 위해 얼마나 치열하게 살았는지를 보았다면 그런 무지한 소리는 할 수 없다. 지금의 젊은 세대는 고도성장기가 끝난 저성장기에 태어났다. 그래서 빠른 경제성장이라는 유례없는 행운을 누릴 수 없음을 안다.

동시에 한국 사회의 전형적인 인생 서사(좋은 대학-좋은 회사-결혼-출산)에 의존할 수 없음을 깨닫는다. 이미 대학 졸업이 취업을 보장하지 않는 시대, 연애와 결혼이 사치인 시대, 아이를 낳지 않는 시대에 살고 있기 때문이다. 자연스레 일에서 의미를 찾게 된다.

물론 여전히 생계를 위해, 네임 밸류를 위해 일을 하지만, 기저에는 일을 통해 자신의 존재감을 확인하고 싶은 고도의 욕구가 자리하고 있다. 업무에서의 영향력, 회사문화, 사회적 의미, 개인의 성장을 까다롭게 따진다.

이제 일은 단순히 먹고 사는 문제를 해결하기 위한 도구가 아니다. 지금 있는 회사가 유일한 선택지도 아니다. 회사도 직원을 선택하지만 직원도 회사를 선택한다. 인구가 줄어들고 사람이 귀한 시대가 찾아온다면 이런 흐름은 한층 더 깊어진다.

어떠한 서사가 제 역할을 다하면 다른 서사가 등장한다. 물론 기존의 지배 서사가 완전히 대체되는 건 아니다. 니체가 '신은 죽었다'고 선언했지만 여전히 교회에 다니고, 기독교 서사를 믿는 것처럼. 대학 학위의 유효기간이 다했음에도 여전히 SKY 대학에 대한 환상을 품는 것처럼.

현대 사회를 서서히 물들이고 있는 건 의미 서사다. 종교나 국가 등 거대 담론이 아닌 내면에 품고 있는 삶의 의미를 등불 삼아 걸어갈 것. 설령 신앙심이나 애국심을 강하게 품고 있는 사람이라도 무시할 수 없는 이야기다. 문득 찾아오는 실존적 공허감이란 거대한 가치에 대한 믿음만으로 해결할 수 있는 문제가 아니기 때문이다. 오히려 거대한 가치에 더 강하게 매달릴수록 자기 자신과는 더욱 멀어질 수 있다.

대학(大學)이라는 거짓말

　대학만 가면 모든 게 해결될 거라는 거짓말을 진심으로 믿지는 않았다. 그런 장단에라도 몸을 맡겨야만 합리화될 수 있는 억압적인 시스템에 들어왔음을, 어차피 별다른 탈출구가 없으니 저 높이 보이는 빛을 향해 기어가야 했음을, 어린 나이부터 직감했으니까. 그래서 대학 입시에 실패했을 때에도 금방 순응하고 말았다. 괴롭고 힘들지만, 다른 선택지가 없으니까.

　졸업식을 마치자마자 짐을 싸서 서울에 올라왔다. 은연중에 올라오는 사투리 억양을 억눌러가면서, 실패해서는 안 된다는 불안감을 달래가면서 재수 생활을 이어갔다. 고등학교 때도 느끼지 못했는데, 스스로가 유사 인간이라는 생각이 들었다. 후드티를 입고 그저 입시라는 한 가지 목표를 위해 온 인생을 걸어야 하는 난 그저 기계가 아니었을까. 하지만 그런 인간적인 감상에 젖어있기에는 갈 길이 멀었다.

원하는 대학에 입학했다. 지난 세월을 몽땅 갈아내어 얻어낸 결과다. 의외로 담담했다. 그냥 별다른 생각이 없었다. 어차피 취업이라는 또 다른 터널을 지나야 한다는 사실을 알고 있었기 때문일까? 아니면 성취란 본디 허무할 뿐이라는 다소 슬픈 자각을 했기 때문일까? 그냥 다행이라고 조용히 생각했다. 이제 입시 공부를 다시 할 일은 없다.

어렵사리 들어간 대학이었지만 기대는 크게 하지 않았다. 고등학교가 대학교를 위한 디딤돌이었듯, 대학 역시 취업을 위한 교두보로 전락했다는 사실을 알아서다. 더구나 내가 전공한 경영학은 진리를 탐구한다는 최소한의 위선조차도 떨지 않는다. 그저 충실한 회사원이 되는 법을 가르칠 뿐이다. 정작 필요한 지식과 기술은 직장에 들어가서 배웠지만 말이다.

차라리 솔직해서 좋았다. 4년 내내 성과 최적화와 이익 극대화 같은 단어만 접하다 보니 오히려 마음 편하게 딴짓할 수 있었다. 영혼의 빈곤함을 채운다는 명목으로. 그렇게 인생에 필요한 지식과 지혜를 강의실 밖에서 얻었다. 그렇다면 공교육 시스템은 왜 필요한 걸까? 대학 입시를 위해 바쳐온 시간에는 무슨 의미가 있는 걸까?

더 이상 공교육의 보호 아래 있지 않은 지금, 나를 가르칠 책임은 온전히 나에게 귀속된다. 선생님도, 교실도, 커리큘럼도 없다. 그래서 더 무겁다. 흐릿한 안개 속을 더듬더듬 헤치고 나아간다. 곳곳에서 수많은 소리가 들려오지만 무얼 믿고 살아가야 할지 혼란스럽다. 그래서 누군가는 차라리 수험생 시절을 그리워한다. 그때는 적어도 대학(大學)이라는 거짓말을 믿고 살아갈 수 있었으니까.

노량진과 신림동 골목에도, 청담동과 평촌 학원가에도 거짓말에 의지하여 살아가는 이들이 유령처럼 몰려다닌다. 물론 아주 새빨간 거짓말은 아니다. 본디 사람을 감쪽같이 속이는 거짓이란 한 스푼의 진실을 담고 있다. 그 진실은 사람의 손을 끌어 어느 지점까지 데려다준다.

하지만 애초에 약속했던 젖과 꿀이 흐르는 낙원이 그저 허구에 불과했음을 알아채는 데는 그리 오랜 시간이 걸리지 않는다. 당근이라 부르기에도 애매한 한 줌의 보상만을 손에 안겨줄 뿐. 이건 그저 모습이 바뀐 하나의 채찍에 불과하다.

사실 다들 알고 있다. 낙원 따위는 없다는걸. 그저 하루하루 숨을 쉬고 살아가기 위해 만들어진 상상이라는 걸. 그 꼬질꼬질한 사다리에라도 올라타기 위해 자신을 속일 필요가 모두에게 있었던 거다. 사실 내게는 그런 작은 기대조차 없었다. 그저 벗어나고 싶었다. 나를 둘러싼 이 억압적인 환경에서. 그러자면 필요했다. 그 지긋지긋한 돈이라는 녀석이.

한국이 기적적인 경제 성장을 이룰 수 있었던 건 교육의 종착지가 돈이라는 일관된 목표를 향해있었기 때문이다. 좁은 교실에 많은 학생을 몰아넣고 산업화한 공장을 돌리기 위한 인적 '자원'을 양산한다.

정치 및 경제 엘리트는 이들을 진두지휘하며 정해진 목적지를 향해 돌격한다. 이는 지독한 가난에 시달리던 개인의 목표와도 일치한다. 적어도 내 자식만은 굶길 수 없다는 일종의 한이랄까.

그렇게 세월은 흐르고 시대는 변했건만 교실의 풍경은 예전과 같다. 코딩 교육을 한다고 대강당에 몇백 명을 모아놓고 일제히 시험을 본다면 그건 퇴행에 불과하다. 외워야 할 내용이 '국영수'에서 '프로그래밍 코드'로 바뀌었을 뿐이다.

이제 지식 자체가 아니라 지식을 얻고 활용할 수 있는 방법론을 가르쳐야 한다. 무엇보다 왜 공부해야 하는지 일깨워야 한다.

지금까지의 교육이란 탈락자를 걸러내기 위한 수단에 불과했다. 한정된 자리를 놓고 의자 뺏기 게임을 하는 것과 같다. 하지만 이제 그 어떤 지식도 쓰이지 못하면 쓸모가 없고, 의미를 줄 수 없다면 무의미하다.

교육기관만 믿고 기다릴 시간이 없다. 개인이 스스로 배우고, 익혀야 한다. 진짜 공부란 실은 교문 밖에서 시작된다. 시험을 위한 공부가 아닌 삶을 위한 공부를 해야 한다. 이제 기업 일선 현장에서는 당장 써먹을 수 있는 사람을 원한다. 우스갯소리로 나오는 '경력 같은 신입'이다.

학력이나 자격증의 쓸모는 점차 줄어들고 "그래서 네가

뭘 할 수 있는데?"라는 질문에 대답해야 한다. 잠시 천장을 바라보며 상념에 잠긴다.

나는 뭘 할 수 있는 사람일까?

관계

사랑이라는 사치

한국보건사회연구원의 2018년 조사에 따르면 미혼 남성 (20~44세)의 25.8%, 미혼 여성의 31.8%만이 이성 교제를 하는 것으로 나타났다. 특히 비취업 남성의 이성 교제 비율은 18.1%에 불과했다.

톨스토이는 '사람은 사랑으로 산다'고 말했다. 만약 이게 사실이라면 대다수의 젊은 세대는 기본적인 삶의 요건조차 충족하지 못한 채 살아갈 뿐이라는 슬픈 결론에 이르게 된다. 적어도 이들에게 있어 사랑이란 꽤 비싼 사치품이다.

물론 사랑이 연인 관계에서만 성립하라는 법은 없다. 누군가는 자기 자신과의 사랑에 빠진다. 그 어느 때보다 자기애가 넘쳐나는 시대다. 이는 흔히 말하는 나르시시즘적 사랑이라기보단 자기 자신을 보호하려는 본능에 가깝다.

소셜 미디어를 통해 전 세계 사람들과 실시간으로 비교

할 수 있는 시대다. 상대적 박탈감이 도처에 만연해 있다. 자기애와 자기혐오를 동시에 느끼는 경우가 적지 않다. 자신을 가장 내세우는 이들이 실은 가장 깊은 우울감에 빠져 있을 수 있다. 이들은 자아를 포장하기 위한 갖가지 방법을 동원한다. 안에서 채워지질 못하니 밖에 뭐라도 덮어야 하는 것이다. 그 포장지가 어떠한 계기로 벗겨지면 내면의 벌건 속살을 드러낸다.

서점에 가면 '내가 나라서 나를 사랑하기로 했다'는 고백이 넘실거린다. 나를 사랑하는 데 다른 이유는 필요 없으며 그저 나 자신인 것으로 충분하다는 말이다. 이 경우 자기애는 자존감이라는 단어로 대체되어 발현되고는 한다.

물론 자신을 혐오하거나 증오하는 것보다는 사랑하는 게 정신건강에 더 이롭다. 하지만 어쩐지 순환논리에 빠져 있다는 의심을 지우기 어렵다. 이는 마치 "치킨이 최고의 음식인 이유는, 치킨이 최고의 음식이기 때문이다."라는 주장과 같다.

실은 내가 나라서 나를 사랑하는 게 아니라, 나라도 나를 사랑해야 해서 사랑한다. 요즘 들어 새삼 불거져 나오는 자신에 대한 사랑 고백은 선뜻 사랑해 줄 대상을 만나지 못한 이들이 만들어 낸 방편이다.

자기애란 내면에서 우러나오는 감정이면서 동시에 외부에서 들어오는 공격을 막기 위한 방어기제다. 기능과 지위, 선천적 정체성으로 사람을 평가하는 사회에서 개인은 자신의 존재감을 확인할 수단이 필요하다. 비록 인간소외를 겪고 있지만 자기 자신으로부터는 소외되고 싶지 않기 때문이다.

개인을 있는 그대로 존중해 준다면 구태어 자기애라는 방어막을 칠 이유가 없다. 자신의 개성대로 살아가도 아무런 문제가 생기지 않는다. 평소에는 나라는 존재를 의식하기 어렵다. 하지만 특정 정체성을 가졌다는 이유로, 어떠한 성과를 이루지 못했다는 이유로, 그냥 내가 나라는 이유로 좌절을 겪었다면 자신의 존재감이 거치적거린다.

사실 자신을 사랑하는 일에 무슨 문제가 있겠는가. 문제는 자기애 자체가 아니라 자기애로 내몰릴 수밖에 없는 이 사회의 문화인 것을. 사랑할 이를 찾지 못한 이는 자연스레 사랑의 대상을 갈구한다. 사람은 사랑하지 않고서는 도무지 살 수 없는 존재이기 때문이다.

그렇다면 젊은이들은 왜 사랑할 대상을 찾지 못한 채 떠돌고 있을까? 한 조사에 따르면 현재 이성 교제를 하지 못하는 가장 주요한 이유는 '알맞은 상대를 찾지 못해서'다. 그리고 이러한 경향성은 해를 거듭할수록 한층 더 깊어지고 있다. 연애 예능과 데이팅 앱이 넘쳐나는 시대, 현실에서의 사랑은 도리어 빈곤해지는 모순이 발생하고 있다.

연애란 냉정하게 말하면 일종의 협상이다. 마치 구직자와 회사가 취업 시장에서 만나 상대방을 평가하듯, 두 사람이 연애 시장에서 만나 서로를 알아가는 시간을 가진다. 각자가 가진 취향, 외모, 신념, 가치관, 경제 상황, 사소한 습관까지도 결정을 내리는 데 주요한 변수가 된다. 여기에 변덕스레 변하는 내면까지 더해지면 연애는 예측할 수 없는 국면을 맞이한다. 이성과 감성이 모두 개입하니 맞추기가 참 어렵다.

연인 관계에서 손해를 보지 않으려는 마음이 크다 보니 미리 머릿속으로 시뮬레이션을 돌리고, 더 깐깐하게 상대방을 평가한다. 외모는 괜찮은데 성격이 별로라면 탈락. 성격은 괜찮은데 직업이 변변찮으면 탈락. 다른 건 다 좋은데 신념이 다르다면 탈락. 그렇게 패자부활전 없는 잔혹한 오디션이 머릿속에서 펼쳐진다.

한 마디로 젊은 세대가 너무 똑똑해진 탓이다. 이제 멋모르고 하는 연애의 시대는 저물었다. 애초에 모든 스펙을 협상 테이블에 올려놓고 선수끼리 포커를 쳐야 한다. 큰 판돈을 딸 것까지도 없다. 크게 잃지 않도록 계속 포기한다. 다이(Die), 다이(Die), 또 다이(Die). 설령 이어지더라도 안심할 수 없다. 계속 지켜봐야 한다. 더 나은 사람이 불현듯 나타날 수도 있으니까.

상대방을 더 면밀히 알고자 하는 태도는 좋다. 위험을 피하려는 태도도 나쁘지 않다. 다만 비유적으로만 쓰이던 연애 '시장'이라는 단어가 정말 문자 그대로의 의미가 되어버린 씁쓸함이 남을 뿐이다.

사람은 완전히 이해할 수 없는 존재다. 자기 자신조차도 완벽히 알 수는 없다. 사람은 관계라는 맥락 속에서 천차만별로 달라진다. 좋은 사람이 꼭 좋은 연인이 되지는 않는다. 결국 위험을 무릅쓰고 들판으로 나가야 한다. 연애라는 특수한 관계에서만 맛볼 수 있는 특별한 감정과 경험이 있다는 걸 이미 알고 있지 않은가.

그대가 잃을 것은 시린 옆구리뿐이고, 얻을 것은 사랑이다. 만국의 솔로들이여 단결하라!

비혼주의를 굳이 선언하라

　침팬지나 고릴라 등 영장류 무리를 잘 살펴보면 소수의 알파 메일(Alpha male; 우두머리 수컷)만이 대부분의 암컷과 짝짓기를 할 수 있는 특권을 갖는다. 권력 투쟁에서 밀려난 대부분의 베타 메일(Beta male)은 그저 암컷 주변을 서성거릴 뿐, 평생을 독실한 싱글로 살아야 한다. 꼭 무리 생활을 하는 영장류만의 문제는 아니다. 자연계에서 자기 유전자를 후대에 전할 수 있는 수컷은 생각보다 소수다.

　그런 의미에서 일부일처제는 다수의 남성을 구원하는 메시아에 가깝다. 만약 인간이 아닌 다른 생명체로 태어났다면 평생 여성 근처에라도 갈 확률이 현저하게 떨어졌을 터이다. 그래서 이 혁신적 제도에 깊이 감사 인사를 드려야 마땅하다.

　그런데 기껏 배려해서 결혼제도를 만들어놨더니 이를 아

예 적극적으로 거부하는 무리가 나타나기 시작했다. 한두 명이 그랬다면 무심코 지나쳤을 텐데 그 확장세가 심상치 않다. 세상은 이들을 비혼주의자라고 부른다.

조금만 생각해 보면 이상하기 짝이 없는 명칭이다. 무언가를 하지 않는 사람을 하나의 집단으로 묶다니. 오이를 먹지 않는다고 해서 '비오이주의자'라거나, 해외여행을 가지 않는다고 해서 '비해외여행주의자'라고 부르지는 않는다.

더구나 '○○주의자'라는 거창한 타이틀은 특정한 신념 체계를 공유하는 이들에게 붙는다. 비혼주의자가 비혼주의비상대책위원회나 비혼주의사회학회를 조직해 서로의 신념을 공고히 한다는 얘기를 들어본 기억은 없다. 반대로 결혼했다고 해서 '결혼주의자'가 되지는 않는다.

그렇다면 MZ세대라는 저 괴상한 꼬리표와 마찬가지로 비혼주의자 역시 기혼자 집단의 흉흉한 음모에 의해 탄생한 걸까? 그렇지는 않다. 실은 이미 미혼자라는 훌륭한 단어가 나와 있지 않았는가? 기혼과 미혼은 마치 음과 양처럼 조화롭게 존재했다. 미혼에서 기혼으로, 그리고 몇몇 기혼은 다시 미혼으로 돌아가며 우주의 균형을 맞추었다.

비혼은 이 균형을 깨뜨리는 모난 돌이다. 질서의 수호자인 기혼자가 저 단어를 구태여 만들어 냈을 리가 없다. 그렇다면 '비혼주의자'는 결국 비혼주의자가 빚어내었다는 결론에 이르게 된다. 비혼주의자에게 결혼이란 해도 그만, 안 해도 그만인 선택지가 아니다. 격하게 거부해야 할 진상 손님이다. 이유는 다양하다.

한국 사회에서 한 사람의 가치는 얼마나 자신에게 주어진 과업을 충실하게 이행하였는지로 평가된다. 그 과업이란 '좋은 대학-좋은 회사-결혼 적령기에 결혼-출산-자식 세대에서 무한 반복'이라는 일정한 서사 구조 내에서 돌아간다.

명절날 과일 껍질이 벗겨지기 무섭게 "그래서 넌 결혼 언제 하니?"라는 독촉장이 날아온다. 대출 상환을 촉구하는 채권자의 태도와도 비견될 만하다. 어물쩍 넘어가려는 처세술에도 한계가 있다. 소위 결혼 적령기를 넘겼다고 해서 형법에 저촉되는 건 아니건만 죄인이 된 듯한 옅은 죄책감을 지우기 어렵다.

이젠 당당하게 맞서기로 한다. 사과 옆구리를 찔러대던 조그만 포크를 내려놓고 "저, 결혼 안 할 거예요." 당돌하게 선언한다. 잠시 정적이 흐르더니 집안 어르신의 미간이 찌푸려진다. 그래도 말년에 비참하게 늙어 죽지 않으려면 결혼은 해야 한다는 둥, 누구는 벌써 애가 둘이라는 둥, 침팬지 등의 영장류와는 달리 인간은 일부일처제라는 혁신적인 제도의 축복을 받았다는 둥, 결심을 흔들만한 이야기를 잔뜩 들려준다.

단전에서부터 무언가가 끓어오르지만 딱히 할 말은 없다. 논리가 부족해서가 아니라 신념을 명명할 이름표가 없기 때문이다. 사람은 인식할 수 있는 대상에 대해서만 논쟁할 수 있고, 이름은 뭔가를 인식할 수 있는 최소한의 근거가 된다. 결혼하지 않겠다는 선언에도 이름이 필요하다. 그렇게 비혼주의자가 탄생한다.

자본주의자는 스스로를 자본주의자라고 부르지 않지만, 비혼주의자는 자신을 그렇게 지칭한다. 비혼주의라는 방패

로 막아내야 할 외부의 침공이 있기 때문이다. 다음 명절부터
는 "저 비혼주의자예요."라는 문장을 들려줄 수 있다. 결혼을
압박하던 집안 어르신은 말씀하시겠지. "뉴스에서 봤던 그
되바라진 녀석이 바로 네 놈이었던 게냐." 화제는 어느새 결
혼했지만, 아이를 낳지 못한 사촌 이야기로 넘어간다.

이처럼 비혼주의 선언은 구태여 한 번씩 할만한 가치가
있다. 비혼주의를 선언했다고 해서 누군가 혼인신고 금지
가처분 신청을 하는 것도 아니다. 알맞은 상대를 만나면 비
혼주의를 철회하고 '이제야 내 짝을 찾았다'며 수줍게 고백
하면 된다. 아직 결혼 못 한 친구가 도끼눈을 뜨고 "너 결혼
안 한다며?"라고 추궁한다면 "나도 그러려고 했는데, 사람
이 인연이라는 게 있더라. 하하하." 이렇게 너스레를 떨어
주자.

만약 정말로 결혼할 생각이 없다면? 이럴 때도 비혼주의
는 자신의 신념을 지키고 자존감을 고양하기에 더없이 좋
은 도구가 된다. 연인과 동거하거나, 친구와 함께 지내거나,
마음 맞는 사람끼리 공간을 공유하는 등 대안적인 가정의

형태가 계속 등장하고 있다. 2021년 기준 전체 가구 중 30% 이상이 1인 가구다. 여기에 2인 가구까지 합치면 거의 60%에 육박한다. 부모님과 두 자녀가 함께 사는 핵가족은 이제 상대적 소수가 되었다.

시대가 변했다. 꼭 결혼해야 하는가? 꼭 아이를 낳아야 하는가? 이런 불경한 질문이 수면 위로 새어 나온다. 그리고 꼭 그럴 필요가 없다는 걸 깨닫는 순간, 보다 자신에게 맞는 선택을 내릴 수 있게 된다. 이번 돌아오는 명절에 비혼주의를 선언해 가정과 내면의 평화를 도모해 보는 건 어떨까? 물론 가끔 부작용이 있을 수 있으니 주의 바란다. 모든 비혼주의 선언은 어디까지나 개인의 책임하에 있다는 점을 기억하자.

칠드런 오브 코리안 맨

더 이상 아이가 태어나지 않는 세상은 어떤 모습일까? 알폰소 쿠아론 감독의 영화 <칠드런 오브 맨>은 인류가 불명의 이유로 아이를 낳을 수 없게 된 세계를 그린다. 이 디스토피아 세상에는 한정된 자원을 통제하기 위한 전체주의 정권이 들어선다.

하지만 어둠 속을 꿰뚫는 빛이 한층 더 찬란한 법. 한 아이가 태어난다. 한창 총격전을 이어가던 정부군과 레지스탕스는 무기를 내려놓고 경이로운 마음으로 그 장면을 바라본다. 그 연약한 존재가 어찌나 신성해 보이던지. 한동안 여운이 이어졌다.

현재 지구상에서 이 영화를 가장 충실하게 재현하고 있는 건 한국이다. 2022년 기준 합계출생률은 0.78명을 기록했고, 하락 폭은 줄어들 기미를 보이지 않는다. 이제 아이를 한 명만 낳아도 평균보다는 높다는 말이 농담이 아니게 되었다. 한국은 착실하게 자연 소멸의 길을 걷고 있다. 그것도 전 세계에서 가장 빠르게.

이런 암울한 전망과는 달리 주변 분위기는 의외로 차분하다. 0.78명이 아니라 0.5명, 0.3명대가 되어도 아마 비슷하지 않을까 싶다. 정부는 변화 대책이 아닌 적응 대책을 내놓고 있고, 젊은 세대는 '출산 파업'을 선언한다.

2021년을 기준으로 국내 총인구는 순감소 추세로 돌아섰다. 전체 인구만 감소하는 게 아니라 노령화도 동시에 찾아온다. 한국의 높은 노인 빈곤율을 고려한다면 꽤 심각한 문제다. 노인 빈곤 해결에는 복지 정책이 필수인데 복지 재정을 댈 수 있는 젊은 세대 자체가 줄어들고 있으니.

다른 사회 지표와는 달리 인구는 꽤 정확하게 예측할 수 있다. 대량으로 이민을 받거나, 출생률에 획기적인 반전이 있지 않은 이상 정해진 수순을 차근차근 밟아갈 예정이다. 현행대로라면 2070년경에는 인구가 3,000만 명대로 줄어든다.

그때까지 살아있지 않더라도 저출생의 영향력은 지금도 강하다. 2020년 기준 연간 출생아 수는 약 27만 명이다. 2017년 40만 명 대가 붕괴한 이후 감소 추세가 더 빨라지고 있다. 군대, 경제, 교육, 복지 재정 등을 감당할 인구가 그만큼 크게 줄고 있다는 뜻이다. 현재 한국 국군에 소속된 사병은 30만 명 정도다. 신체 건강한 남성이 병역의 의무를 지는 현 병역 체계에서 대부분을 징집해도 채울 수 없는 수다.

전국에 있는 4년제 및 전문대학도 정원을 채우기 어려워 보인다. 학령 인구 자체가 없으니, 지방대학은 문을 닫을 위기에 처해있다. 장기적으로는 소위 말하는 '인서울' 대학도 마찬가지다. 대학 졸업자가 줄어들면 기업에서 일할 사람도 자연스레 귀해진다. 재화와 서비스를 구매할 소비자도 줄어든다. 내수 시장은 더욱 침체할 예정이다.

저출생은 기후변화와 더불어 현존하는 가장 심각한 위협이다. 공통점이 하나 더 있다. 누구도 경각심을 가지지 않는다. 이는 차라리 체념이라고 부를 만하다. 어차피 할 수 있는 일이 없으니 호들갑 떨지 말고 조용히 운명을 맞이하자,

이런 식이다. 혹은 귀를 막고 애써 현실을 무시한다.

젊은 세대는 왜 아이를 낳지 않을까? 주거 문제, 극심한 경쟁, 이기심 등이 도마 위에 오르지만 어쩐지 본질을 짚지 못하는 느낌이다. 다른 나라에도 분명 같은 문제가 있을 텐데 왜 유독 한국이 더 심각한지를 설명할 수 없기 때문이다. 질문을 바꿔보자. 극도의 저출생을 부추기는 한국만의 특수한 상황은 무엇일까?

한국은 일종의 섬나라다. 삼면이 바다로 막혀 있고, 위로는 북한이 있다. 동쪽으로는 드넓은 태평양이, 서쪽으로는 거대한 중국이 자리하고 있다. 특유의 배타적인 민족성까지 더해져 한층 더 독특한 국가가 되었다. 유례없는 경제성장을 이루었고, 그 성과만큼이나 진하게 달여진 부작용을 낳았다. 민주화가 자리 잡았음에도 그 부작용은 미처 가시지 않았다.

2016년 한국의 사회 갈등 지수는 OECD 국가 중 3위를 기록했다. 특히 빈부갈등, 세대갈등, 남녀갈등에서 꽤 높은 수치를 보였다. 반면 정부의 갈등 관리지수는 30개국 중 27위를 기록했다.

세계 10위권의 경제 대국이지만 사람들의 마음은 한없이 쪼그라들어 있다. "이해와 양보란 곧 손실이다. 내가 손해를 보더라도 상대방이 잘되는 건 못 본다." 이런 의식이 팽배해 있다. 한 마디로 여유가 없다. 곳간에서 인심이 난다고 하지만 한국의 경우는 다르다. 나라 전체로 놓고 보면 곳간에 곡식이 넘치는데, 모두가 자기 몫을 손에 틀어쥐고 사방을 경계한다.

계산기를 아무리 두드려 봐도 '출생=손해'라는 결론이 난다면 누가 아이를 낳을까? 아이를 갖지 않는 이유는 사실 간단하다. 그게 더 이익이 되는, 혹은 최소한 손해를 보지 않는 대안이기 때문이다. 여기에서 이익-손해란 경제적 문제에 한정되지 않는다. 그래서 육아비나 주거비를 지원해 주는 정도로는 저출생 문제를 타개할 수 없다.

저출생이 문제라면서도 노 키즈 존(No-Kids Zone)이 여전히 성행하는 나라. 육아 휴직을 다녀오면 그 길로 경력 단절이 되는 나라. 자기 집 한 채를 갖는다는 게 백일몽이 되어버린 나라다. 그래서 그나마 자기 몸 하나라도 건사하기 위해 비출생을 선택한다.

아이를 낳는다는 건 일생일대의 결정이다. 그리고 그 결정은 그저 한두 가지의 변수로 환원될 수 없다. 차라리 공기처럼 퍼져있는 일상을 관찰하는 게 더 효과적이다. 출산 파업을 택한 이들의 이야기에 귀를 기울여야 한다.

경력 단절이나 주거 문제, 교육 문제, 양성 불평등 등을 그저 우는 소리로만 규정한다면 아무도 출생에 동참하지 않는다. 당장 인구가 부족하니 아이를 낳아달라며 애국심에 호소해도 마찬가지다. 이기적이라며 비난하는 건 최악이다. 눈 가리고 아웅 식의 어르고 달래기, 혹은 협박이 통하지 않으니 이런 사태까지 온 게 아닐까?

출생률을 올리려면 닦달할 게 아니라 아이를 낳고 잘 살수 있는 환경을 조성해야 한다. 잘 산다는 건 경제적 풍요로움을 넘어 탄탄한 사회적 인프라, 건강한 가치관, 개방성, 미래와 환경에 대한 숙고까지 포괄한다.

만약 1인당 GDP(국내총생산)를 올리는 정도로 문제를 풀 수 있다면 이미 진작에 해결되지 않았을까? 한국의 1인당 GDP는 3만 달러를 넘었다. 스페인이나 이탈리아보다 높다. 설령 GDP가 4만 달러, 5만 달러가 되더라도 출생률이 극적으로 반전될 기미는 없다. 살고 싶은 국가를 만드는 건 모두에게 이롭다. 꼭 출생이 엮여있지 않더라도 추구할 만한 가치가 있는 목표다.

1970년대 초 당시 박정희 정부는 '잘 살아보세'라는 구호를 앞세워 경제발전을 위한 새마을 운동을 전개했다. 50년이 지난 지금, '잘 살아보세'는 조금 다른 의미로 다가온다. 지금의 젊은 세대가 정말 '잘 살고' 있는지 알 수 있는 가장 강력한 신호가 저출생이다.

헬조선이니 불지옥 반도니 하는 자조적인 표현은 다소 유행이 지나 사그라들었지만 기저에 깔린 절망감마저 사라진 건 아니다. 어쩌면 지옥이라는 표현이 이미 기본값이 되어버린 게 아닐까.

참을 수 없는 관계의 가벼움

독일에서 지낼 때 가장 신기했던 건 마주치는 사람마다 건네는 가벼운 인사였다. 일면식도 없는 데다 인종까지 다른, 그들에게는 이방인이었을 나에게도 '하이(Hi)'라든지, '헤이(Hey)'라든지 꼭 인사말을 던졌다. 동방예의지국이라 불리는 곳에서 왔건만 그런 예의 가득한 문화는 참으로 어색했다.

한국에서는 모르는 사람과의 엘리베이터 동승이나, 술자리에서 어색함이 참으로 고역이다. 이럴 때마다 들여다볼 수 있는 스마트폰이라는 핑곗거리가 있어서 다행일 지경이다. 인지심리학자 김경일 교수에 따르면 이는 한국 특유의 관계주의에서 기인한다. 누군가와 인사를 한다는 건 그만큼 두터운 관계가 전제되어야 가능한 행위라는 것이다. 한국 사회는 급격한 도시화로 익명성이 널리 퍼졌다. 깊은 관계를 맺을 수 있는 이웃사촌이라는 개념이 희미해졌다.

대신 얕고 넓은 관계망이 형성되었다. 서로 '좋아요'만 주고받는 '인스타 친구'가 대표적인 사례다. 이러한 젊은 세대의 모습이 달갑지 않은 이들은 '이나 인맥 같은 단어를 동원해 좋은 관계란 무엇인지 규정하려 한다. 물론 깊은 관계는 삶을 안정적으로 만들어 주고 행복에도 크게 기여한다. 그리고 그만큼 많은 폐해를 낳기도 한다. 정 때문에 끊어내지 못하고 인생을 갉아먹게 두는 관계도 비일비재하다.

일본에는 독친(毒親)이라는 단어가 있다. 자녀의 인생에 도리어 독이 되는 부모를 일컫는 말이다. '자식에게 나쁜 걸 주는 부모가 어디 있겠느냐'는 통념과는 달리 해를 끼치는 이들도 많다. 때로는 고의로, 혹은 의도치 않게.

자녀와의 정서적 분리가 되지 않아 가스라이팅을 일삼거나 일일이 간섭하여 의존적으로 만드는 경우도 있다. 가정폭력, 아동 학대 등 최근 불거지는 여러 사건·사고를 보면 오히려 적절한 거리감이 낫다는 생각마저 든다.

인맥 역시 마찬가지다. 정경유착, 학연에 의한 차별, 상명

하복식 조직문화는 지나친 관계주의 문화가 만들어 낸 그림자다. 어떻게든 끈을 대서 특권을 누리고자 하는 노력은 사회적으로도 낭비고, 공정이라는 관점에서도 옳지 않다.

그리고 사람 대 사람이 아닌 그저 이해타산에 매몰된 일시적인 동맹이라는 점에서 깊은 관계를 얘기하는 것도 우스운 일이다. 차라리 서로에게 많은 걸 바라지 않는 '티슈 인맥'이 더 바람직해 보인다.

얕은 관계만이 정답은 아니다. 소위 티슈 인맥으로만 관계망을 형성한다면 자칫 고립될 수 있다. 청년 고독사 문제가 대표적이다. 40세 미만 청년의 고독사는 2017년 63명에서 2020년 102명으로 크게 늘었다. 관심의 사각지대 속에서 청년들이 외롭게 죽어간다. 청년 1인 가구가 많이 증가하면서 벌어진 기현상이다.

위와 같은 문제는 제대로 된 개인주의도, 공동체주의도 작동하지 못하는 데서 오는 비극이다. 서양을 통해 들어온 개인주의는 채 무르익기도 전에 난도질당했다. 국가를 위해 모든 걸 희생해야 한다는 전체주의적 사상이 뿌리 깊게 박힌 탓이다. 그 와중에 전통사회를 떠받치던 공동체주의, 내지는 집단주의도 붕괴하였다.

한국은 엄밀히 말하면 집단주의 사회조차도 아니다. 그 저 부족화된 몇몇 집단만이 구성원을 싸고 돌뿐이다. 공동 체의 이름으로 누군가와 연대하려 하지 않는다. 그 집단 내 에서도 계층에 따라 철저한 차별적 기조를 유지한다. 군대 식 문화와 가부장제가 적절히 배합된 모양새다. 내집단에 끼지 못한 이들은 배격당한다. 개인으로서도, 보듬어야 할 구성원으로서도 인정받지 못한다. 그 애매한 연옥에 갇힌 이들이 다섯 평 원룸에서 쓸쓸히 죽어간다.

수직적 집단주의란 모든 게 무너져 버린 잔해에 근거지 를 두고 있는 노상강도 집단과도 같다. 과연 이 사회에 믿 고 의지할 만한 문화적 유산이 남아 있는가? 근대 이후 들 어온 여러 사상은 충분히 성숙하였는가? 경제 발전과 민주 화의 기치 아래 아슬하게 쌓아 올린 정신적 기조에 이제는 의문이 생긴다.

그동안 참으로 바쁘게 달려왔다. 앞만 보고 달려왔는데

이제는 어디로 가야 할지 혼란스럽다. 반만년의 역사, 눈부신 한강의 기적, 케이팝을 비롯한 세계적 성공까지. 참으로 화려한 불꽃놀이가 사방에서 벌어지고 있다. 그런데 왜 이리 허전한 걸까?

한국인을 움직이는 건 언론에서 말하는 ’이나 창의성만은 아니다. 공허감이다. 아무리 채워도 채워지지 않는 거대한 구멍이 내면에 자리하고 있다. 빨리 바뀌어야 한다, 최고가 되어야 한다, 경쟁에서 뒤처지면 안 된다. 그렇게 개인도, 사회도 전력 질주를 했건만 지금 한국에서 살아가는 이들의 표정은 좋지 않다.

누군가는 삶이 힘들거든 고개를 들어 다른 나라(주로 비서구권의), 혹은 과거를 보라고 한다. 극도의 인플레이션에 신음하고 있는 이런 나라, 내전을 겪고 있는 저런 나라, 못 먹고 살았던 과거의 한국을 보아라. 지금 너희의 불평불만은 배부른 소리에 불과하다는 식이다.

전혀 위로되지 않는다. 한국인, 특히 젊은 세대를 덮고 있는 건 공허감과 상대적 빈곤이다. 이들은 전통과 신념이 붕괴한 현장에 쌓아 올린 모래성에 살고 있다. 거대담론에서 소외된 현대인이 겪는 공통적인 현상이면서, 그 과정을 유독 더 급격하게 치러낸 한국인이 경험하는 특수한 상황이다.

공동체주의를 제대로 살려내지 못할 거라면 차라리 개인주의에 심폐소생술이라도 하자. 다행스럽게도 찬찬히 변화하는 게 느껴진다. 하루아침에 세상이 바뀔 거라고 기대하지는 않는다. 적어도 뱃머리가 더 나은 내일을 향해있다는 희망을 품어본다. 판도라의 상자 밑바닥에도 희망은 남아있었다.

혐오를 혐오하자

누군가를 진심으로 증오하려면 그 대상이 지닌 복잡다단한 굴곡을 납작하게 밀어버려야 한다. 증오심이란 이해심과 양립할 수 있는 감정이 아니기 때문이다. 꼭 '증오'가 아니더라도 옅은 정도의 거부감, 내지는 적개심은 얼마든지 가질 수 있다. 상대방을 대상화한다면 말이다.

대상화란 자아를 가진 존재에 물성을 부여하는 행위를 말한다. 물건과 사람의 차이는 간단하게 말하면 '용도'에 있다. 물건은 만들어진 쓰임이 있다. 연필이 글을 쓰거나 그림을 그리기 위해 만들어졌듯이. 반면 사람은 정해진 용도가 없다.

선천적인 특성에 대한 차별은 대표적인 대상화에 해당한다. 별다른 근거 없이 행해지는 경우가 많으며, 차별의 당사자가 노력으로 바꿀 수도 없다. 하지만 세상에는 반드시 악의적인 대상화를 지속하는 이가 있기 마련이다.

이러한 대상화를 이어가기 위해서는 인지부조화라는 모순을 이겨내고 확증편향에 한껏 몸을 의탁해야 한다. 자신의 신념에 반대되는 증거가 잔뜩 나와도 눈과 귀를 닫아야 한다. 내면의 양심이 울부짖어도 애써 무시해야 한다. 반면 신념을 강화할 수 있는 근거가 있다면 스펀지처럼 빨아들여야 한다. 내가 옳은 이유는 내가 옳기 때문이니까.

가치가 팩트를 집어삼키고, 팩트가 가치를 도려낸다. 나만이 옳다는 아집에는 묘한 쾌감이 따른다. 이러이러한 가치를 신봉하고 있으니까, 이러이러한 팩트로 무장했으니까, 등의 이유로 손쉽게 절대적 진리를 설파하는 구도자가 된다. 이들에게 다름은 틀림이다. 정확히는 '나와 다름'이 틀림이다.

이는 자기중심적 사고에서 벗어나지 못한 유아기적 발상에 가깝다. 3살 정도의 아이는 자신이 세상의 전부라고 여긴다. 손으로 눈을 가리면 세상이 정말 어둠에 잠긴다고 생각한다. 아이라면 귀엽지만 어른이 이런 태도를 보이면 추하다.

책 『보이지 않는 여자들』은 여성이 차별받고 있다는 증거를 조목조목 짚어낸다. 성차별은 생각보다 꽤 넓은 영역에서, 또 은근하게 진행되고 있다. 페이지마다 넘치도록 담겨 있는 근거를 볼 때마다 '여성이 남성보다 차별받고 있다'는 명제를 부정하기 어렵다.

물론 모든 개별 남성이 개별 여성보다 우위에 있다는 주장을 펼치고자 하는 건 아니다. 이 역시 사실과는 거리가 멀기 때문이다. 다만 "여성과 남성 중 누가 차별받고 있느냐?"라는 질문에는 여성이라고 답변할 수밖에 없다는 말이다.

이상적으로는 이러한 팩트를 기반으로 공감과 이해가 충만한 대화를 해야 하건만, 모두가 목도하고 있는 현실은 이와 정확히 반대로 흘러간다. 남녀 갈등은 굉장히 뜨거운 이슈다. 이전 대선에서는 대부분의 후보가 스스로 페미니스트임을 자처했지만, 2022년 대선에서는 모두가 페미니즘 자체와 거리를 두는 모습이었다. 그리고 가장 직접적으로 반-페미니즘 입장을 고수한 정당의 후보가 당선되었다.

어느 정당에서 대통령이 나왔는지보다 우려스러운 건 선

거 과정에서 나온 격한 갈등, 그리고 혐오 정서다. 온라인 커뮤니티에서는 같은 공동체에서 살아가는 게 맞나 의심스러울 정도의 주장이 펼쳐진다. 인터넷만큼 대상화의 유혹에 넘어가기 좋은 환경은 없다. 오프라인이라면 속으로 삼킬 말을 여기선 여과 없이 내뱉는다.

온라인의 특성상 소수의 극단적인 의견이 과잉 대표된다. 그리고 이러한 의견은 여론으로 포장되어 대중을 움직인다. 주저하던 이들이 하나둘씩 돌을 집어 반대편으로 던지기 시작한다. 확신이 있어서 돌을 투척하는 게 아니라 투척 과정에서 확신이 생겨난다. 나는 옳다. 내가 옳지 않다면 왜 이런 일에 시간과 에너지를 쓰겠는가?

하지만 안타깝게도 이들의 부단한 노력은 섀도복싱에 그칠 수 있다. 온라인 전쟁에서의 적이란 얼기설기 빚어진 허구의 산물이기 때문이다. 그 자리에는 아무도 없다. 처음 갈등의 불씨를 댕긴 누군가의 그림자가 있을 뿐이다.

이제 누군가를 혐오했던 이유는 사라지고 부정적 감정만이 남는다. 소셜 미디어는 자체 알고리즘을 통해 그 감정을 한층 더 악화시킬 수 있는 나름의 근거를 열심히 퍼 나른다. 당신이 페미니스트라면 가부장제 체제 아래에서 신음하는 여성의 모습이 피드를 가득 채운다. 당신이 반-페미니스트라면 정확히 반대 장면이 펼쳐진다. 같은 물리적 공간에 있더라도 다른 맥락에서 다른 경험을 한다.

여전히 여성이 차별받고 있는 상황에서 이는 성차별, 나아가 여성혐오의 정서를 정당화하는 결과를 낳는다. 더 이상 구조적 성차별은 없다고 믿(고 싶어하)는 이들에게는 참으로 간편한 해결책이다.

공감과 이해에는 많은 에너지, 그리고 정서 지능이 필요하다. 스탠퍼드대학교 심리학 교수인 자밀 자키는 공감 능력이란 훈련을 통해 키워나갈 수 있는 지능의 일종이라고 이야기한다. 공감하지 못한다면 단순히 매정한 게 아니라 정서 지능이 부족한 사람이다.

인류학자 유발 하라리에 따르면 인류가 종의 정점에 설 수 있었던 건 긴밀한 협력체계 덕분이다. 증오와 혐오의 정서는 단기적인 결속력을 끌어낼 수 있으나, 장기적으로는 사회를 좀먹는다.

혐오 정서는 윤리적으로도, 실리적으로도 도움이 되지 않는다. 혐오 정서를 이용해 이득을 챙기는 몇몇 위정자와 선동꾼을 제외한다면 말이다. 타인을 향한 혐오를 재미 삼아 소비하는 이들에게도 쓸모가 있을지 모르겠다. 부정적인 감정은 긍정적인 감정보다 더 강렬하다. 전염력도 크다.

혐오 이슈를 꺼낼 때마다 여지없이 듣게 되는 말이 하나 있다. "나는 혐오 안 하는데?"다. 사실 혐오라는 단어는 꽤 극단적인 이미지를 가지고 있다. 그래서 여성 차별에 관한 담론은 '혐오'를 둘러싸고 꽤 소모적으로 진행 중이다. 한쪽에서는 여성을 혐오하지 않는다고 말한다. 자기가 얼마나 여성을 좋아하는지를 부각하면서. 다른 한쪽에서는 여성을 여성이라는 정체성 내지는 집단으로 구분 짓는 것 자체가 혐오라고 말한다.

물론 혐오의 정의에 대한 논의도 분명 필요하지만, 어쩐지 본질을 짚지 못하는 느낌이다. 온라인상에 퍼져있는 남녀 갈등은 대개 특정 단어를 어떻게 정의할 것인가로 전개

된다. 혐오가 너무 강한 표현이라고 치자. 그래서 혐오 대신 차별 혹은 배제 등의 단어로 대체한다고 치자.

그게 현실에서 어떤 효과를 발휘하는가? 여성 차별 문제를 조금이라도 개선할 수 있나? 그렇지는 않다. 뭔가를 굳이 들춰내고 불편해하는 이들만이 세상을 바꾼다. 그리고 불필요한 고통을 경감시킨다. 불과 100~200년 전만 해도 계급제는 당연한 상식이었다. 인류의 역사를 통틀어 만인의 평등이라는 사상을 명문화한 건 꽤 최근의 일이다.

기성의 질서를 무조건 바꿀 필요는 없다. 다만 미처 다듬어지지 못한 질서 탓에 아파하고 신음하는 이가 있다면 어떨까? 세상은 얼마든지 변화할 수 있다. 모두가 변화에 부정적이었다면 인류는 동굴에서 단 한 발짝도 나오지 못했을 것이다.

그런데 내가 왜 다른 사람의 권리까지 신경 쓰면서 살아야 하는가? 이렇게 항변할 수 있다. 크게 두 가지 이유다. 첫째, '내가 대접받고 싶은 대로 남을 대접하라'는 윤리의 황금률이 있기 때문이다. 둘째, 한 사람의 정체성은 다양한 층

위로 이루어져 있기 때문이다. 내가 한국에 사는 남성이라고 해서 차별 이슈에서 자유로운 건 아니다.

인종, 종교, 재산, 연령, 직업, 학력, 출신 지역 등 차별의 근거가 되는 정체성은 얼마든지 찾아낼 수 있다. 한국 남성이라면 서구권에서 유색인종으로서 받는 차별을 감내해야 한다. 출신 지역이나 재산의 정도에 따라 받는 부당한 차별도 마찬가지다.

사람은 성별이라는 단일한 정체성으로만 이루어진 존재가 아니다. 촘촘하게 짜인 차별의 그물에서 벗어나기 위해서는 모든 영역에서 우위에 서거나, 혹은 억압받는 이를 위해 목소리를 내야 한다. 혐오를 혐오하자. 누군가를 혐오하지 않기 위해. 그리고 혐오 받지 않기 위해.

개인주의자로 살 수 있을까

　평소 '00니스트' 내지는 '00주의자'로 불리는 걸 꺼리는 편이다. 그래도 개인주의자임은 비교적 당당하게 밝힌다. 그만큼 매력적인 이름표니까. 난 개인주의자다.

　문유석 작가는 책 『개인주의자 선언』에서 자신이 '인간 혐오자'임을 고백한다. 인간 혐오자라는 단어에는 수직적 집단주의에 대한 비판의식이 서려 있다. 한 개인을 개인으로 인정하지 않고, 그저 집단의 부품으로 취급하는 퀴퀴한 감각. 개인주의를 굳이 '선언'하고 인간을 '혐오'해야만 그나마 독립된 개인으로 살아갈 수 있다.

　아니, 어쩌면 그마저도 부족하다. 사회 속에서 살아가는 이상 결코 집단의 영향력에서 벗어날 수 없기 때문이다. 애초에 개인이라는 개념도 사회와 집단이 있기에 성립할 수 있다. 우주 저편을 향해 홀로 날아가는 우주비행사는 개인에 대한 자각이 없다. 타인이라는 거울에 자신을 비출 수 없으니까. 비교 대상이 없다면 사람은 그 무엇도 아니다. 그냥 존재할 뿐이다.

개인은 사회 속에서만 성립할 수 있다. 동시에 그 사회에 의해 온전한 개인으로 인정받지 못한다. 사회는 항상 집단적 목표를 가지고 있다. 여기에 공리주의가 더해지면 개인은 집단을 위해 쉽사리 희생할 수 있는 대상으로 전락한다. 최대 다수의 최대 행복을 우선시하라. 그게 공리주의의 명령이기 때문이다.

이러한 집단적 목표가 극단화되면 전체주의가 된다. 인류는 그 결과로 두 번의 세계대전을 맞이했다. 구권력인 자유주의 진영과 새롭게 떠오른 파시즘 진영의 싸움이었다. 전쟁을 겪은 이들은 개인주의를 꺼내 들었다. 집단의 가치가 개인의 가치를 아득히 상회할 때 어떤 일이 벌어지는지 혹독하게 겪어낸 탓이다.

제2차 세계대전이 끝난 이후 한국은 전체주의 일본 제국의 손아귀에서 해방되었다. 이후 미국에 의해 제도적으로는 민주주의와 자본주의가 도입되었다. 하지만 군부 독재를 거치며 껍데기뿐인 민주주의와 성장에 집착하는 재벌 자본주의로 변질하였다.

수많은 민중의 희생 끝에 형식적인 민주화는 이루었다. 하지만 이른바 일상의 민주화 내지는 진정한 개인주의의 시대가 찾아왔느냐고 묻는다면, 고개를 저을 수밖에 없다. 개인주의는 '나 하고 싶은 대로 하고 살겠다'는 이기주의와는 궤를 달리하기 때문이다.

마음대로 권력을 휘두르고 싶다면 집단주의나 전체주의가 훨씬 유리한 환경을 제공한다. 개인의 권리를 누르고 권력자의 욕망을 우선시할 수 있어서다. 집단주의는 피라미드 꼭대기에 있는 자에게는 더없이 달콤하다.

개인주의는 개개인이 가진 자유와 인권의 가치를 지키려 한다. 다만 모두의 욕망이 여과 없이 받아들여진다면 자칫 도덕 상대주의의 함정에 빠질 수 있기에 최소한의 규칙을 정해두었다. 바로 '남에게 피해를 주지 않는 선에서 자유롭게 삶을 선택할 수 있다'는 규정이다.

개인주의자로 살겠다고 선언한 건 집단의 이름으로 개인에 가해지는 폭력이 유독 심한 사회에 살고 있는 탓이다. 만약 이런 폭력을 자각하지 못한다면 피라미드의 꼭대기에 있는 행운아이거나, 주류 집단에서 벗어난 경우다. 최근 이어지는 퇴사 릴레이, 이민, 비혼, 비출생 선언 등은 후자의 삶을 지향한다.

살아가는 방식에 대한 부당한 간섭과 침해가 없었다면 굳이 비혼을 '선언'하고 개인주의를 '선언'할 이유가 없다. 그저 숨 쉬듯 당연하게 누리면 그만이다. 아무런 대책 없이 회사를 나오거나, 나라를 떠나거나, 결혼을 포기하는 건 많은 걸 포기하는 행위다. 특히 한국처럼 사회적 안전망이 빈약한 곳에서는 더 심각한 문제다. 슬프게도 누군가에게는 그런 위험을 감수하면서까지 자신을 지켜야 할 필요성이 있는 것이다.

서울은 플랫폼이다

제각기 다른 지방에 사는 사람들을 단번에 모을 수 있는 마법의 주문이 하나 있다. "서울에서 보자." 말은 제주로, 사람은 서울로 보내라고 했던가. 서울이라는 도시는 모두가 만날 수 있는 최적의 장소이자 하나의 거대한 플랫폼이다. 마치 인스타그램이나 유튜브 같은 플랫폼에서 다양한 이들이 집산을 이어가듯이 서울도 마찬가지다.

그렇다면 왜 유독 서울에서 모이게 되는 걸까? 누군가는 곳곳에 깔린 인프라를 이야기한다. 골목만 돌면 편의점이 있고, 10분 거리에 영화관이 하나씩 있고, 하는 식으로. 물론 그것도 주요한 원인이지만 충분하지는 않다. 웬만한 지방 도시를 가봐도 다 있는 시설이기 때문이다. 다만 서울에 더 많을 뿐이다.

그보다는 앞서 언급한 '서울은 플랫폼'이라는 문장에 더 주목해야 한다. 플랫폼의 특징은 크게 세 가지다. 익명성, 네트워크 효과, 그리고 생태계다.

플랫폼은 이용자에게 익명성을 제공한다. 물론 자신의 실명을 내걸고 이용하는 소셜 미디어 서비스는 예외가 될 수 있다. 다만 그런 플랫폼에서도 얼마든지 익명의 계정을 생성해 활동할 수 있다. 즉 자신의 개인정보나 사생활을 어디까지 공개할지 선택할 수 있다.

서울은 익명의 사람들이 모인 도시다. 집이나 학교, 회사만 살짝 벗어나도 익명성을 마음껏 누릴 수 있다. 생면부지의 타인과 어울릴 수 있는 모임이나 동호회도, 조용히 혼자 앉아 작업을 할 수 있는 카페도 넘쳐난다. 이는 특히 젊은 세대에게 묘한 안도감을 준다. 가깝고 끈끈한 관계는 분명 안정성을 주지만 한편으로는 부담감을 안기기 때문이다.

이런 니즈를 가진 사람들이 하나둘씩 모이다 보니 그 자체가 하나의 장점으로 자리한다. 이게 바로 네트워크 효과다. 플랫폼은 이용자가 많아지면 많아질수록 더 매력적인 장소로 자리매김한다. 사람들이 페이스북이나 인스타그램을 이용하는 이유는 가장 많은 친구가 해당 플랫폼에서 활동하고 있기 때문이다.

서울도 마찬가지다. 절대적인 사람의 수가 많으니, 시설이나 인프라, 무엇보다 새로운 관계를 마주하기 용이하다. 그러다 보니 더 많은 이들이 서울을 찾고, 이는 플랫폼으로서의 네트워크 효과를 더 심화시킨다. 큰 눈덩이가 구르면 훨씬 거대한 눈덩이가 되듯 몸집을 계속 불려 나갈 수 있다.

이런 욕망과 맥락이 결합하여 하나의 거대한 생태계가 구축된다. 굳이 사람을 만나기 위해 다른 곳에 갈 필요가 없다. 서울에 모든 시설과 모임과 만남이 있으니. 적어도 그 모든 이들을 모으기 위한 가장 설득력 있는 이유가 되니까.

거대한 생태계는 무엇보다 인식을 독점한다. 소셜 미디어 하면 페이스북이나 인스타그램, 동영상은 유튜브, 중고 거래는 당근마켓을 떠올리듯이. 인식은 쉽사리 변하지 않는다. 그리고 언어는 인식을 반영한다.

부산에서 택시를 탔을 때 기사님이 광안대교를 가리키며, "서울에는 이런 거 없죠?"라고 말했다. 물론 서울에는 바다를 가로지르는 멋진 다리 같은 건 없다. 하지만 웬만한 건 다 있다. 그래서 사람들은 서울로 '놀러 가고', 부산으로 '여행 간다'. 서울에서 '만나고' 제주도로 '떠난다'.

서울은 어느 순간 일상의 기본값이 되어버렸다. 그래서 오늘도 서울에 살고 있지 않은 친구들과 서울에서 만난다. 서울이라는 플랫폼에서 만난다.

서울 사이드 업

드라마 <나의 해방일지>에는 '서울은 노른자, 경기도는 노른자를 감싸고 있는 흰자'라는 대사가 나온다. 주인공 세 남매는 출근을 위해 매일 서울행 전철에 몸을 싣는다. 천정부지로 치솟은 집값 탓에 경기도에 있는 본가를 벗어나는 건 꿈도 꾸지 못한다.

2021년을 기점으로 수도권에 사는 인구는 전체의 절반을 넘었다. 서울 인구는 2015년 이후로 계속 감소 추세다. 다만 이들 역시도 대부분 경기도나 인천으로 빠져나간다. 특히 젊은 층의 수도권 유입은 무서울 정도다. 대부분 취직이나 학업을 위해 몰려든다. 젊은 세대를 대상으로 하는 산업, 인프라 등이 수도권에 집중된다.

반대로 지방은 소멸 위기를 겪고 있다. 특히 상대적으로 젊은 20·30세대의 전출이 뼈아프다. 안 그래도 전체 인구가 감소하고 있고, 저출생 흐름을 타고 신규 유입이 없는 상황에서 그나마 있던 젊은이도 서울이나 경기도로 향한다. 수많은 지방 대학은 몇 년 내로 문을 닫을 위기에 처해있다. 지방 대학이 현지 산업과 연계되어 지역 커뮤니티를 이끌어간다는 점을 고려하면 꽤 심각한 문제다.

지방 소멸은 단순히 지방만의 문제가 아니라 수도권에서 아슬아슬하게 버티고 있는 이들의 문제이기도 하다. 의도치 않게 배수의 진을 칠 수 있기 때문이다. 모두가 영화 <리틀 포레스트>의 주인공처럼 귀농할 수도 없고, 물려받을 수도권 아파트가 있는 것도 아니다.

서울은 한국의 정치, 경제, 의료, 교육, 문화, 예술, 상업 인프라를 독점적으로 빨아들이고 있다. 그나마 살아남은 경기도의 몇몇 도시도 서울의 위성도시 역할을 하며 명맥을 유지한다. 한국이 사실상 '서울 공화국'이라는 말이 괜히 나오는 게 아니다.

2021년 기준 서울의 인구밀도는 1km²당 15,699명이다. 2위인 부산의 3~4배에 달한다. 이는 뉴욕(10,194명/km²), 도

쿄(6,158명/km²)보다 많은 수치이며 인도와 방글라데시 등지에 있는 몇몇 도시를 제외하면 세계에서 가장 높다.

강남역이나 서울역같이 유동 인구가 많은 지하철역에서 주변을 둘러보면 가끔 아찔하다. 이렇게 많은 사람이 한 장소에 있을 수 있다니. 적어도 유쾌하진 않다. 한정된 공간에 사람이 많으면 기본적으로 신경이 날카로워진다.

코로나19의 물결이 덮친 이후로는 더 그렇다. 만원 지하철에서는 사람과 사람 사이에 필요한 최소한의 거리조차 보장되지 않는다. 생면부지의 모르는 사람과 한껏 몸을 밀착하고 그저 문이 열리기만 기다려야 한다.

수도권을 관통하여 곳곳에 뻗은 지하철과 광역버스는 일종의 혈관이다. 사람을 모았다가 곳곳에 뿜어주는 펌프 역할을 톡톡히 해낸다. 서울, 나아가 수도권이라는 거대한 기계를 돌리기 위한 기관과도 같다.

도로에서도 사정은 마찬가지다. 서울에서 한 번이라도 차를 몰아본 사람은 안다. 그 넓은 왕복 8차선 도로가 얼마나 쉽게 찰 수 있는지. 그리고 다들 얼마나 여유 없게 운전하는지. 운전자는 자동차를 자신만의 영역이자 신체의 연장선으로 본다고 한다. 온 정신이 곤두설 수밖에 없다. 차를 세워둘 장소도 마땅치 않다.

한정된 공간에 수많은 이들이 살다 보니 자연스레 집값과 생활물가가 치솟는다. 바늘 하나 꽂을 틈이 없을 정도로 빽빽하게 아파트를 올려도 내 집 하나 없다는 자조 섞인 한탄이 절로 나온다. 최근에는 연이은 금리 인상 기조를 타고 매매가가 떨어지긴 했지만, 아직 내 집 마련의 꿈을 이루기에는 턱없이 높다.

2023년 3월 기준 서울의 아파트 평균 매매가는 12억 972만 원이다. 그나마 전월 대비 1,510만 원 하락한 것이 이 정도다. 한 달에 100만 원씩 모으면 100년이 넘게 걸리고, 200만 원씩 모아도 50년이 걸린다. 자연스레 흔히 '영끌'이라고 부르는 과도한 대출을 끌어안게 된다. 저금리 기조를 믿고 무리하게 부채를 진 이들 앞에는 험난한 청구서가 놓인다.

대부분의 인프라, 특히 커뮤니티가 서울을 중심으로 형성되어 있다. 학업, 구직, 연애, 결혼 등 숨 가쁘게 인생 과업을

수행하는 젊은 세대 입장에서 서울을 벗어난다는 건 산소
줄이 끊어지는 것만큼 두렵다. 최소한 경기도나 인천에라
도 붙어있어야 한다.

한국은 사실상 도시국가다. 모두가 서울에서 살 수 있는
것도, 또 그래야 하는 것도 아니다. 지나치게 부풀어 오른
풍선에서 바람을 빼야 한다. 인구의 절반 이상이 특정 지역
에 모여 사는 작금의 현실은 짚고 넘어가야 한다.

강남역 롤러코스터

미국 연방준비제도(이하 연준)에서 연일 금리 인상 기조를 유지하며 몇 년간의 저금리 시대에 마침표를 찍었다. 소위 '동학개미운동'으로 불리던 개인투자자의 투자 의욕도 많이 저하되어 있다. 부동산도, 주식도, 암호화폐도 시원치가 않다. 오로지 달러만이 금리 상승 국면에서 몸값을 키운다.

불나방처럼 뛰어든 젊은 세대는 이제 삶의 위협마저 느낀다. 레버리지(부채)를 최대한 활용하는 전략이 성공하려면 한 가지 전제조건이 필요하다. 자산의 가격이 계속해서 상승할 것.

코로나19 사태 초기만 해도 꽤 잘 먹히는 방법이었다. 아니, 그렇게 하지 않으면 바보였다. 어떤 자산이든 집기만 하면 다음 날 수익을 낼 수 있으니까. 실물경기는 바닥을 쳤지만, 엄청난 유동성이 시장에 공급되면서 전체 가격을 끌어

올렸다.

긴가민가하던 사람들도 기회를 잡기 위해 달려들었다. 특히 가진 것 없는 젊은 세대의 반응이 뜨거웠다. 자신이 흙수저 하나를 물고 태어났다고 여긴 이들은 계층 사다리를 조금이라도 기어오르기 위해 안간힘을 썼다. 일반적인 방법으로는 위로 올라갈 수 없다는 걸 깨달았기 때문이다.

지금의 젊은 세대가 유독 공정이라는 이슈에 민감한 건 개천에서 용 나는 시대가 끝났다는 위기의식 때문이다. 윗세대가 침을 튀겨 가며 말하던 '노오력'이 더 이상 먹혀들지 않는 사회, 부모를 잘 만나는 게 능력으로 여겨지는 사회에서 공정은 심리적 마지노선이자 역린이다.

그런 의미에서 투자는 공정하다. 적어도 그렇게 보인다. 학연이나 지연, 부모의 재력이 영향을 미치지 않는 하얀 눈밭과 같다. 성별도, 출신 지역도, 나이도 가리지 않는다. 공포에 가까운 위기의식이 파도처럼 퍼져나간다. 이번이 마지막 기회다. 소외되어서는 안 된다. 뭐라도 해야 한다.

파도가 위아래로 출렁이듯 시장도 마찬가지다. 미국 연준은 인플레이션을 잡기 위해 가파른 금리 인상을 단행했다. 달러의 가치가 오르고 은행 이자도 올랐다. 미국과 발맞추기 위해 한국은행도 기준금리를 인상했다.

저금리만 믿고 무리한 대출을 받은 사람부터 찬바람을 맞기 시작했다. 자산 가격 상승률도 예전 같지 않다. 불패 신화를 자랑하던 강남의 아파트도 급급매가 아니면 팔리지 않는다. 코스피 시장도 횡보장으로 접어들었다. 코인 시장도 대형악재를 몇 번 맞더니 동력을 잃은 모습이다.

빚문서만을 끌어안은 이들은 황망하게 시장을 바라본다. 언젠가 다시 올 파도를 기다리면서. 하지만 그렇게만 시간을 보내기에는 너무 막막하다. 그나마 남은 재산을 투자 자산에 베팅해 보지만 결과가 시원치 않다. 금리 상승과 더불어 이율이 오른 예·적금에 사람들이 몰린다. 거대한 고래가 빠져나간 자리에 새우들이 모여서 다음 기회를 엿보고 있다. 언젠가는 이 지긋지긋한 현실에서 벗어날 수 있을 것이라는 희망 하나를 품고서.

경기가 나쁠수록 복권이 잘 팔린다고 한다. 흔히 말하는

'로또 명당'에 줄을 서서 경건한 마음으로 종잇조각을 받아
간다. 그렇게라도 하지 않으면 탈출구가 보이지 않을 만큼
절망적이니까. 그러니 이런 행운에라도 기대는 게 뭐가 나
쁘냐고 항변하면서.

부의 양극화로 인해 천장이 막혀있는 상황에서 아래로
도 끝없는 추락이 이어진다. 과거에는 부족한 복지정책을
가파른 경제성장이 정당화했다면 이제는 변명의 여지가 없
다. 개개인의 노력 탓을 하기 민망할 정도로 자산 가격이 치
솟았다. 돈이 돈을 버는 구조다.

특히 큰 자금력이 없으면 접근하기도 어려운 부동산에
서 막대한 부를 거머쥔 이들이 등장했다. 새우가 고래를 따
라잡으려면 다른 사람의 힘을 빌려야 한다. 파우스트처럼
영혼을 팔아서라도. 그리고 그 분투기의 결말을 현재 모두
가 목도하고 있다.

부는 상대적이다. 내 자산은 그대로 있더라도 옆집, 윗집
에서 대박이 터지면 상대적으로 가난해진다. 벼락부자를
빗댄 '벼락거지'가 대표적이다. 곳곳에서 투자에 성공한 이

들이 축포를 터뜨리는데 소외될 수 없다는 공포감이 자리한다. 그래서 어쩔 수 없이 얼마 안 되는 투자금을 가지고 투자 시장에 뛰어든다.

누군가는 '강남 아파트를 살 기회'를 만들어줘야 한다고 역설한다. 나만 뒤처질 수 없다고, 나도 부자가 되고 싶다고 목 놓아 운다. 하지만 모두에게 강남 아파트를 주는 건 가능하지도 않을뿐더러 바람직하지도 않다.

그래서 '강남 아파트를 살 자유'보다 우선시되어야 할 건 '강남 아파트에서 살지 않더라도 괜찮을 자유'다. 대박을 터트리지는 않더라도 쪽박을 차지 않게끔 해야 한다. '강남불패 신화'는 부의 집중 현상이 만들어 낸 부작용이다. 이미 자산이 많은 이들에게 더 많은 부를 안겼고, 어떻게든 따라가려던 이들에게는 큰 빚을 안겼고, 게임에 참여하지조차 못한 많은 이들에게는 박탈감을 안겼다.

그렇다고 강남을 다 밀어버리자는 무모하다 못해 순진한 주장을 하고 싶지는 않다. 사실, 문제는 강남 그 자체가 아니다. 소수의 이권을 보호하기 위해 자본 권력이 멋대로 휘둘러진 게 본질이고, 그 대상이 강남 아파트가 되었을 뿐이다.

강남 말고도 대안이 있다면 시장 논리에 따라 가격은 자연스레 안정화된다. 수요가 분산되면 철옹성 같던 강남불패신화에도 조금씩 균열이 간다. 한국의 인구 및 자본집중 현상은 세계적으로도 심각한 상황이다. 한껏 달궈진 시장에서 조금씩 김을 빼야 한다.

대안적 삶은 전체주의적 시각을 버리고 나에게 맞는 인생을 꿈꿀 수 있는 초석이 된다. 이는 개인의 의지만으로 형성되기가 어렵다. 의식도, 제도도, 사회도 변화해야 한다. 개인은 사회의 영향에서 결코 자유로울 수 없으므로. 부디 강남 아파트에서 살지 않아도 잘 살 수 있기를.

#무지출챌린지

2021년을 강타한 키워드 중 하나는 욜로(YOLO; You Only Live Once)다. '인생은 한 번뿐'이라는 당연한 명제에서 출발하여 '그래서 마음껏 즐기며 살아야 한다'는 다소 미심쩍은 결론을 내린다.

사실 욜로 현상을 뒷받침한 건 자산 가격의 폭발적 상승이다. 코로나19 사태 이후 전 세계 정부는 양적완화 정책을 실시한다. 그 바람을 타고 대부분의 투자 자산이 눈부시게 성장했다. 자산시장에 거대한 유동성이 공급되었기 때문이다. 실물경기는 시름시름 앓고 있는데, 진통제만 잔뜩 먹인 모양새다.

코인이나 주식, 부동산으로 하루아침에 부자가 된 이들이 속출했다. 자연스레 평소에는 꿈도 꾸지 못했던 사치재나 서비스에 눈길이 간다. '역시 인생은 즐기는 거야!' 식의 라이프스타일을 이어갔고, 거기에 욜로라는 이름표를 붙였다.

2022년 새해가 밝고 유동성 파티는 끝났다. 금리가 오르고, 대부분의 자산 가격이 하락기를 맞이했다. 그리고 그 순간을 기점으로 욜로에 대한 관심이 짜게 식었다. 대신 '#무지출챌린지'라는 해시태그가 소셜 미디어를 타고 퍼져나갔다.

무지출챌린지는 돈을 아끼는 수준이 아니라 아예 쓰지 않는 걸 목표로 한다. 점심값을 아끼기 위해 냉장고 깊숙한 곳을 뒤지거나, 커피값을 줄이려 탕비실을 들락거린다.

개인의 입장에서는 합리적인 선택이다. 미래 현금흐름이 불확실한 상황에서 자산을 지키는 가장 확실한 방법이기 때문이다. 다만 무지출챌린지 역시 지속하기 어렵다. 원하든 원하지 않든 지출은 발생하기 마련이니까. 애초에 숨만 쉬어도 돈이 술술 나간다.

게다가 소비를 줄이면 삶의 질이 낮아진다. 쓸데없이 나가던 지출을 최소화하는 정도라면 모르겠다. 무지출챌린지는 더 나아가 필수재에 들어가는 비용에 손을 댄다. 식비가 대표적이다. 마트에서 조금만 돌아다녀도 알 수 있다. 몸이나 환경에 좋은 식품에는 항상 높은 가격표가 붙어 있다는걸.

무지출챌린지가 유독 더 슬퍼 보이는 건 그 목적에 있다. 허리띠를 졸라매서 조기에 은퇴하겠다는 소위 파이어족과는 달리 무지출챌린지는 당장의 겨울을 견디기 위한 궁여지책이다. 가까운 미래에 경기 혹은 지갑 상황이 좋아질 기미가 보이질 않으니 그나마 남은 도토리라도 쟁여둔다. 몸을 잔뜩 웅크리고 봄이 오길 기다리면서.

소유냐, 존재냐, 그것이 문제로다

　에리히 프롬은 자신의 저서 『소유냐 존재냐』에서 소유 지향적 삶과 존재 지향적 삶을 비교한다. 그에 따르면 현대 사회의 여러 문제는 소유에 대한 집착에서 비롯된다. 존재 자체에서 충만함을 느끼지 못하니 사회가 공급하는 여러 재화에 가치를 둔다. 존재 외부에 놓인 소유물은 개인을 좀먹고, 종국에는 뿌리 깊은 허무감으로 소유자를 배신한다.

　이는 비단 에리히 프롬만이 아니라 수많은 철학자와 종교 지도자, 철학자와 현인이 줄기차게 주장해 왔던 사실이다. 아무리 많은 걸 소유해도 영혼이 빈곤하면 삶이 괴로워진다. 기독교는 예수의 입을 빌려 '사람은 빵만으로 살 수 없다', '부자가 하늘나라에 가는 것은 낙타가 바늘구멍에 들어가는 것보다 어렵다'고 말한다. 뭔가를 소유하기 위해 집착하고 탐욕을 부리다가 삶이 파멸한 이들의 이야기는 어떠한가.

현대사회에 들어서도 여전히 두 삶의 양식이 공존하고 있다. 요즘엔 오히려 소유 지향적 라이프스타일이 더 주목받고 있다. 특히 젊은 세대를 중심으로. 어릴 때부터 자연스레 자본주의 사회에서 살아왔고, 이전 세대와는 달리 돈에 대한 담론을 더 당당히 꺼내놓기 때문이다. 자신의 욕망을 긍정하고 솔직하게 얘기하는 게 '쿨'하다고 여겨지는 탓이다.

예전에는 자신의 부를 드러내는 게 잘난 척이었다. 반면 지금은 자신의 삶을 당당하게 표현하는 행위다. 소셜미디어 등을 통해 직간접적으로 자신의 소유물을 전시하는 게 가능해지면서 선망의 눈빛을 받아내기도 한다.

돈만 있으면 행복할까? 돈과 행복 사이에는 분명한 상관관계가 있다. 연구에 따라 차이는 있지만 연봉 8,000만 원 정도까지는 수입과 행복도가 비례한다. 그러다 일정 지점을 넘으면 증가세가 확연히 꺾이고, 오히려 행복도가 감소하기도 한다. 물론 그 이전까지는 행복도가 증가하지 않냐며 반문할 수 있다.

여기서 중요한 사실이 하나 있다. 행복은 삶의 일부이되 그 자체는 아니다. 보통은 행복하기 위해 살아간다고 하지만 그조차 정답은 아니다. 그보다는 살아가기 위해 행복이 필요하다는 말이 더 정확하다.

삶을 이어가기 위한 여러 행위가 그 어떤 행복감도 수반하지 않는다면 어떨까? 그 개체는 소멸의 위기에 처하게 된다. 식욕이 없는 다람쥐는 겨울을 넘기지 못한다. 욕구란 결국 충족에 대한 기대감이다. 그래서 욕구가 해소되는 순간, 즉 행복감이 느껴지는 시점이 지나가면 역설적으로 행복의 가치는 퇴색한다.

한번 도토리를 먹은 다람쥐가 영영 만족해 버린다면 굶어 죽을 수 있다. 그래서 유전자는 줄기차게 결핍감을 주입한다. 왜 돈을 아무리 벌어도 채워지지 않을까? 왜 비싼 차를 타고 명품으로 온몸을 도배해도 허무할까? 왜냐면 소유에서 느껴지는 행복감을 지속해 감퇴시켜야만 한 개체가 자신의 생존을 위해 더 힘차게 노력하기 때문이다.

괴롭지 않으려면 두 가지 방법뿐이다. 계속해서 더 많이 소유하거나, 아니면 벗어날 방법을 찾거나. 불교에서 말하는 해탈이란 욕망과 분노, 그리고 어리석음을 직시하고 괴로움의 톱니바퀴에서 빠져나오는 과정이다.

소유에서 오는 결핍감을 더 많은 소유로 채우려고 하는 건, 마치 숙취를 더 많은 알코올로 씻어내리는 행위와도 같다. 몸은 알코올을 분해하는 과정에서 숙취를 겪는다. 그래서 이론상으로는 계속 취한 상태가 되면 숙취가 없다. 굉장히 어리석은 방법이다.

존재 지향적 삶을 살아간다고 해서 모든 문제가 해결되지는 않는다. 단기적으로는 괴로움을 수반한다. 마치 술에서 깬 뒤 지독한 두통에 시달리듯이. '소비하면 즉각 행복해지는데 내가 뭘 누리겠다고 이런 괴로운 길을 택했나?' 이런 자괴감이 들 수 있다. 존재를 택한다는 건 맑은 정신으로 인생을 직시하는 것이다. 눈 앞을 가리는 먼지를 씻어내는 것이다.

존재에 집중하는 사람은 "인생에서 진정 중요한 게 무엇인가?"라는 질문을 던진다. 이 질문은 바꿔 말하면 "죽기 전에 내가 마땅히 추구할 건 무엇인가?"이다. 죽음은 삶을 더 선명하게 비추는 렌즈와도 같다. 죽음을 앞두면 사랑, 철학, 의미같이 존재론적인 부분을 떠올리게 된다.

작가 브로니 웨어는 죽음을 앞둔 말기 환자가 가장 후회하는 다섯 가지를 소개한다. 내 인생을 제대로 살지 못한 것, 일을 너무 많이 했던 것, 진심을 표현하지 못한 것, 친구를 챙기지 못한 것, 도전하지 않은 것이다. 누구도 비싼 외제차나 화려한 세계여행, 대저택을 꼽지 않았다.

다행히 소유 지향적 삶과 더불어 존재 지향적 삶을 추구하려는 젊은 세대도 꽤 늘어나고 있다. 여러 삶의 대안을 모색하고, 자신만의 길을 걷는다. 이는 흔히 말하는 낭만과는 다르다. 여기에서 낭만이란, 전날에 술을 잔뜩 먹고 수업을 빼먹어도 어찌어찌 졸업해서 취직할 수 있었던, 일자리에 비해 사람이 턱없이 부족했던 고성장 시기에나 가능했던 라이프스타일의 다른 이름이다.

대안적 삶이란 개개인이 자신에게 꼭 맞는 신념을 가지고 살아가려는 움직임이다. 앞서 언급한 퇴사 릴레이나 비혼주의는 기존 제도권에서 이탈하려는 시도이면서 대안적 삶에 대한 탐색이다. 지금의 젊은 세대가 더 개방적인 이유는 반대로 자신의 방향성을 존중받고 싶은 마음이 크기 때문이다.

이미 고도로 발달한 경제 기반 위에서 태어난 이들은 그 위치에 맞는 고민을 하게 된다. 무슨 일을 하든 굶어 죽지는 않겠다는 확신이 생기니 더 안정적으로 상위의 가치를 추구할 수 있다. 자아실현, 자기 초월 등의 '배부른' 소리도 한다. 이제 생존을 빌미로 으름장을 놓아봐야 약효가 떨어진다. 존재 지향적 삶을 체화한 사람들에게는 황당한 협박에 불과하다.

외제차와 명품 가방

인터넷 세상을 떠돌아다니다 보면 형편에 맞지 않는 값비싼 외제차를 몰고 다니는 소위 '카푸어족'의 사연을 쉽게 접할 수 있다. 삼시세끼 컵라면을 먹으며, 월 몇백만 원에 달하는 할부금 및 유지비를 감당하면서, 그런데도 그만한 가치가 있다며 웃는 낯으로 인터뷰하는 젊은 남성. 카푸어족의 대략적인 이미지다.

누군가는 자기가 자기 돈을 쓰겠다는데 무슨 상관이냐며 카푸어족을 변호한다. 다른 누군가는 허세에 찌들어 외제차에 자기 인생을 걸고 있는 '한심한 젊은이'을 향해 혀를 끌끌 찬다. 사실 카푸어족 자체보다 더 우려되는 건 카푸어족을 소비하는 방식이다.

사치를 부리는 인간 군상 중에 유독 많은 공격을 받는 건 '젊은 카푸어족 남성'과 '명품 가방에 빠져 있는 젊은 여성'

이다. 주머니 사정이 허락하는 한 자유로이 소비를 권장하는 게 자본주의의 미덕이건만, 이 두 집단에 대한 여론은 유독 좋지 않다. 자신의 경제적 능력을 상회할 정도로 소비하는 건 분명 합리적이지 않은 태도다. 하지만 이게 그렇게까지 물어뜯을 일인가에 대해선 의문이 든다.

카푸어족과 명품 가방족 관련 뉴스는 사바나 초원에 던져진 고깃덩어리와도 같다. 애초에 물고 뜯으라고 가공된 사실이다. 한 젊은이의 분수에 맞지 않는 소비 생활이 한두 번도 아니고 지속해 언론의 한편을 차지한다.

사람은 남에게 관심이 없다지만 실은 그렇지 않다. 특정인의 가십거리에는 귀가 번쩍 뜨이는 걸 보면 말이다. 더 정확히 말하면 사람은 남의 사정에 관심이 없다. 그 사람이 어쩌다 외제차나 명품 가방을 모으기 시작했는지, 어떻게 자기 삶과 소비 습관을 양립시키기 위해 노력하는지는 알고 싶어 하지 않는다.

가십은 한 대상의 겉면만을 스치듯 훑는다. 그 속사정까지 파고들면 온전히 즐길 수 없기에 자세한 부분은 의도적으로 배제한다. 일부에 가해지는 비난은 쉽사리 특정 집단 전체에 대한 차별적 시선으로 이어진다.

처음에는 명품을 좋아하는 젊은 여성을 비난한다. 나아가 해외여행이나 맛집을 좋아하는 젊은 여성을 비난한다. 결국 '모든 젊은 여성은 생각 없이 사는 인간'이라는 일반화의 오류를 저지르게 된다. 더 나아가면 젊은 세대 전체에 대한 반감을 공공연하게 드러내기도 한다.

작년에 발생한 10.29 참사는 공권력의 부재와 책임 회피로 벌어진 비극적인 사건이다. 동시에 세대별로 극명하게 갈리는 여론의 각축장이기도 했다. 2022년 들어 가장 참담한 사건 앞에서 '젊은 놈들이 핼러윈 같은 괴상한 외국 문화를 즐기다가 자초한 일이다'라든지 '놀러 가서 죽은 걸 가지고 슬퍼해야 하냐?'느니 하는 막말이 튀어나온다. 공감 능력이 있긴 한 건지 의문이 들 정도다.

고대 이집트의 한 벽화에도 '요즘 젊은이들은 예의를 모르고 버릇이 없다'는 문구가 적혀 있다고 한다. 그만큼 세대 갈등은 뿌리 깊은 역사와 전통을 자랑한다. 영국의 킹스칼리지와 BBC에서 발표한 보고서에 따르면 한국의 갈등 지수는 세계적으로 가장 높은 수준이다. 이념, 빈부, 성별, 연령, 종교 등 대부분의 영역에서 세계 최상위권을 자랑한다.

반면 사회갈등 관리지수는 조사국 중 가장 낮은 수준으로 평가된다. 특히 정치권의 경우 사회갈등을 도리어 이용하고 조장하는 데 앞장서고 있다. 2022년 대통령 선거, 그리고 지방선거가 가장 대표적인 사례다. 결과에 대한 평가는 다를 수 있겠으나 문제는 선거 과정이다. 대선에서는 젠더 갈등을, 지선에서는 상대 진영에 대한 혐오감을 부추겨 한국을 반으로 갈라놓았다. 누가 상대를 더 혐오하는지의 대결이었다고 해도 과언이 아니다.

선거에서 이긴 진영은 상대를 조롱하고, 그렇지 못한 진영은 다음 선거를 기다리며 이를 간다. 승자의 품위도, 패자의 인정도 없는 이전투구의 현장이다. 혐오와 갈등으로 점철된 선거는 모두에게 크나큰 상흔을 남겼다. 갈등을 조장하여 재미를 본 이들은 동일한 전략에 기대어 계속 갈라치기를 시도한다. 그저 당장의 권력만 얻으면 된다는 듯 뒤처리에는 관심이 없다. 모두를 위한 정치를 하겠다는 문구는 허망하게 흩어진다.

정권이 바뀔 때마다 벌어지는 칼부림, 서로를 향한 갈등과 혐오, 그 과정에서 이득을 챙겨가는 이들. 익숙한 장면이 매번 반복될 때마다 정치적인 무력감마저 든다. 내가 무슨 행동을 하든 어차피 세상은 변하지 않을 것이라는 생각. 정녕 상대방의 등에 죽창을 꽂아 넣지 않으면 안 되는 걸까? 같은 공동체의 일원으로서 공존하는 길은 정녕 없는 걸까? 이런저런 상념에 치인다.

책 『이만하면 괜찮은 남자는 없다』에 따르면, 2030 남성의 경우 안티-페미니즘(Anti-Feminism) 성향을 보이고 있으나, 동시에 양성평등에 대한 경각심도 이전 세대보다 훨씬 강하게 가지고 있다고 한다. 가장 첨예한 대립각을 보이는 젠더갈등이 그러하다면 세대 갈등도 찬찬히 풀어갈 수 있다. 먹구름을 뚫고 한 줄기 햇살이 비치는 기분이다.

돈만 많으면 살기 좋아

웹툰 <입시명문 사립 정글 고등학교>에는 돈만 많으면 외국에 나가서 살 거라는 대사가 나온다. 뒤이어 다른 캐릭터가 말한다. 돈이 많으면 가장 살기 좋은 곳이 한국인데 왜 굳이 외국으로 가느냐고.

돈만 많으면 살기 좋다는 건 거꾸로 말해 돈이 없는 이에게 가혹한 환경이라는 뜻이다. 왜 유독 '먹고사니즘'이 한국 사회를 강하게 관통하고 있는지 알 수 있는 대목이다. 한국에서 돈은 내재한 교환가치를 넘어 한 사람의 존엄성마저 결정짓는다. 그래서 모두가 돈을 한 푼이라도 더 벌기 위해 아득바득 자신을 갈아 넣는다. 거대한 피라미드의 표면을 조금이라도 기어올라야 하니까.

자산을 많이 소유하면 더 폭넓은 재화와 서비스에 접근할 수 있다. 화폐가 발명된 뒤로 쭉 반복되어 온, 새삼스럽지도 않은 진실이다. 다만 현실에서 더 많은 부가 더 높은 사회 계층의 초석이 된다는 점을, 그리고 더 높은 사회 계층이 갖는 초법적인 권력구조를 우려할 뿐이다.

‘돈만 많으면 살기 좋다’는 문장에는 사회적인 부가 가져다주는 여러 가지 특권이 암시되어 있다. 그리고 그 특권은 불법적인 일을 자행하고도 쉽게 빠져나올 권리, 공정성을 훼손하더라도 원하는 결과를 가로챌 권리를 포함한다.

헌법 제11조는 ‘모든 국민은 법 앞에 평등하며, 사회적 특수계급 제도는 인정되지 않는다’고 규정하고 있다. 이 땅에서 저 두 문장을 진심으로 믿는 사람은 거의 없다. 여타의 드라마나 영화에는 돈만 믿고 까불다가 참교육을 당하는 캐릭터가 심심찮게 등장한다. 하지만 현실은 그렇지 않다.

그보다는 불법과 합법의 경계를 흐리는 자본의 위력을 보게 된다. 중죄를 저질러도 집행유예로 풀려나거나, 실형을 살더라도 ‘경제발전을 위해’ 사면되는 대기업 총수의 모습은 이제 놀랍지도 않다. 자본주의의 첨단을 달리고 있는 미국에서 경제사범이 얼마나 중형을 받는지를 고려한다면 참으로 후진적인 처사이다.

자본주의는 기회의 평등을 전제로 결과의 불평등을 정당화하는 체제다. 사실 방점은 결과의 불평등이 아니라 기회의 평등에 찍혀 있다. 정당한 규칙, 공정성이 그만큼 중요하다. 그러나 몇몇 사람들은 이 사실을 잊고 오로지 결과의 불평등을 정당화하는 데만 열을 올린다.

『국부론』을 집필한 애덤 스미스는 이른바 '보이지 않는 손'으로 대표되는 자유시장경제의 중요성을 이야기했다. 동시에 『도덕감정론』이라는 책에서 배려, 공감, 도덕의 필요성을 역설한다. 그가 꿈꿨던 건 무한경쟁과 승자독식주의가 판치는 차가운 시장이 아니라, 사회 구성원이 서로를 배려하며 자원을 분배하는 따뜻한 세상이었다.

자본주의가 한국 사회에 이식되는 과정에서 기존에 자리하고 있던 권위주의, 계급주의와 섞이게 된다. 그렇게 '돈만 많으면 마음껏 권력을 휘두르는' 뒤틀린 구조가 모습을 드러낸다. 자본주의는 지독한 오해 속에 남용되고 있다. 공감과 배려, 공정성과 법치주의는 어디로 간 걸까?

현대 한국 사회를 살아가는 젊은 세대가 공정을 목 놓아 외치는 건 이러한 위기의식의 발로다. 이전 세대에 비해 부실한 경제적 기반을 가지고 있는 것도 모자라, 불공정한 사회적 현실에 그대로 노출되기 때문이다. 자본이나 자산으로 대항할 수는 없으니, 공정성이라는 정치적 아젠다라도 꽉 붙잡는다.

인류 역사상 선례가 없던 고성장 시대가 저물고 이제 저성장이라는 뉴노멀(New normal)에 적응해야 하는 상황이다. 과거와 같은 가파른 성장은 불가능하다. 기후 위기나 자원고갈 같은 여러 문제를 생각하면 바람직하지 않을지도 모른다. 저성장 국면은 한편으로 계층 이동이 더 어려워졌다는 걸 암시한다. 이런 상황에서 공정성마저 무너진다면 희망이 사라지지 않을까?

정치권은 이런 욕구에 발맞춰 '공정'이라는 키워드를 공공연하게 꺼내놓는다. 그리고 공정에 반하는 행위를 일삼으며 얼마나 진정성 없이 뱉은 말인지를 스스로 증명한다. 여야나 좌우를 가리지 않고 마치 경쟁하듯 비리를 일삼는다. 분노를 넘어 무기력감마저 든다. 돈만 많으면 살기 좋은 나라가 아니라, 돈이 없어도 그럭저럭 살 수 있는 나라를 만들어야 한다.

또 나만 못 했지 나만

다큐멘터리 <로드러너>는 앤서니 보데인이라는, 국내에서는 다소 생소한 한 방송인의 삶을 비춘다. 그는 요식업계의 뒷이야기를 담은 책을 출간해 일약 베스트셀러 작가가 된다. 이를 유심히 지켜보던 한 방송국에서 그에게 세계여행 프로그램 출연을 제안한다. 그는 솔직하고 재치 있는 화법으로 시청자의 마음을 사로잡는다. 수많은 지역을 돌아다니며 그곳의 문화와 사람과, 음식을 화면에 담아낸다.

앤서니 보데인의 별명은 '세상에서 가장 행복한 직업을 가진 남자'다. 그는 베스트셀러 작가이자, 쉐프이자, 유명 방송인이자, 전 세계를 떠도는 여행자다. 경제적인 부도 거머쥐었고, 결혼해서 행복한 가정도 일구었다. 현대사회에서 추앙하는 대부분의 라이프스타일을 성취한 사람이다.

이제 물질보다는 경험이 선호된다. 부에 대한 욕망이 사그라든 건 아니다. 다만 더 이상 예전 같은 반응을 끌어내지 못한다. 돈만 있으면 누구나 살 수 있는 건 이제 선망의 대상이 아니다.

그보다는 남이 쉽사리 하지 못하는 경험을 하거나, 소셜 미디어를 통해 모두의 관심을 한 몸에 받는 게 더 중요하다. 물질 소비에서 경험 소비의 시대로 넘어온 것이다. 경험 소비는 얼핏 보기에 꽤 소모적인 활동이다. 자동차를 사면 자동차가, 집을 사면 집이 남는다. 반면 경험에 돈을 쓴다고 해서 손으로 만질 수 있는 무언가가 남진 않는다. 골프 라운딩이든, 독서 모임이든, 해외여행이든, 베이킹 클래스든 다 마찬가지다.

그렇기 때문에 오히려 경험 소비가 주목받는다. 사람을 덜 속물적으로, 더 진취적으로 보이게 만드니까. 여기에 소셜 미디어가 더해진다. 경험 소비에 대한 수요는 더욱 늘어난다. 자신의 통장 잔고를 대놓고 찍어서 올리는 사람은 거의 없다. 한번 관심을 끌 수는 있을지언정 긍정적인 피드백을 받기 어렵기 때문이다.

대신 자신이 얼마나 생산적이고, 충만하고, 멋진 삶을 살고 있는지 알릴 수 있다. 골프 라운딩 영상을 올리거나, 파리에서 보낸 낭만적인 여행 사진을 올리거나, 기후 위기 강연을 청취한 소회를 밝히는 식으로.

경험 소비는 물질 소비보다 다채롭다. 경제적 기반을 갖추지 못한 젊은 세대의 레이더망에 들어가기에 충분하다. 이는 시대적인 흐름과도 맞닿아 있다. 경제가 급속도로 발전하고 절대적 빈곤 상태에서 벗어났다. 이제 많은 이들은 자아에 집중한다. 나를 찾기 위한 여행이나 명상, 모임 등 경험 소비가 피어날 수 있는 최적의 환경이 조성되었다.

문제는 타인과 자신의 상황을 비교할 때 생긴다. 절대적 빈곤은 어느 정도 해결되었지만 상대적 빈곤, 혹은 상대적 박탈감이 대두된다. 이제 지구 반대편에 있는 사람의 소식까지 실시간으로 알 수 있다. 보이지 않는 경쟁은 세계 단위로 뻗어나간다. 또 나만 못했지, 이런 탄식이 절로 나온다.

상대적 박탈감과 함께 성취에 대한 강박도 무게감을 더한다. 한국 사회는 하나의 거대한 컨베이어 벨트와 같다. 발판은 끊임없이 돌아가고 있다. 여기서 이탈하면 사회적 사망에 이르게 된다는 불안감을 동력 삼아 앞으로 달려 나간다. 어떻게든 성장해야 하고, 성취해야 한다는 강박관념이 사회를 관통한다.

강박관념은 자연스레 자기 착취와 자기 비하로 이어진다. 경기장을 내달리는 말 등짝에 채찍을 때린다. 아무리 성취해도 더 나은 사람은 얼마든지 있다. 처음엔 강박이 효과적인 연료가 된다. 계속 이어지면 사람을 갉아먹는다. 편집증과 스트레스를 잔뜩 안긴다. 기어이 연료가 다 떨어져야 멈춘다. 마치 폭주 기관차처럼.

요즘 대학 도서관에 가면 신입생 때부터 자리에 앉아 치열하게 공부하는 모습을 심심찮게 찾아볼 수 있다. 자격증 공부, 시험공부, 편입 공부, 영어 공부, 창업 준비 등 동기는 다양하다. 물론 흥청망청 노는 것보다는 더 나을지 모른다. 이제는 예전처럼 대학교 학위만으로 쉽게 직장을 구할 수 있는 시대가 아니니까.

캠퍼스의 낭만 운운하며 무책임한 위로를 건네고 싶지

는 않다. 자신을 갈아 넣어야 간신히 어디라도 비집고 들어
갈 수 있는 현실이 원망스러울 뿐이다. 그리 크지도 않은 경
제적 보상과 안정성을 위해 모든 걸 희생해야 한다면 무언
가 잘못되었다. 더구나 세계 10위권의 경제 대국이 아닌가.

이런 속사정을 이해하지 못하고 열정이니 노력이니 하
는 말을 들을 때마다 헛웃음이 나온다. 모두가 치열하게 하
루하루를 살아간다. 서로의 고통을 보고 가져야 할 태도는
상대적 비교나 조롱이 아니다. 측은지심, 배려, 공감, 그리
고 공동체 의식이다.

억압 올림픽(Oppression Olympics)이라는 단어가 있다.
각자가 속한 정체성이나 사회적 지위 등을 비교하며 '천하
제일 누가 누가 더 힘든가 대회'를 여는 행위를 말한다. 자
기가 제일 힘든 군 생활을 했다고 침을 튀기는 술자리를 생
각하면 쉽다.

억압 올림픽은 고통을 상대적으로 비교하며 진정한 패자
를 가리기 위해 열을 올린다. 'MZ세대'든 기성세대든 나름
의 힘든 시절을 겪어왔다. 역사상 그 어떤 순간에도 삶은

호락호락하지 않았다. 고통의 이유가 다를 뿐이다. 더구나 이 경기에서 이긴들 무슨 소용이 있겠는가? 결국 모두가 상처받고, 승리한 패자는 인제야 인정받았다는 공허한 승리감만을 챙겨갈 텐데.

삶이란 누구에게나 어렵다. 앤서니 보데인에게도 그랬다. 그는 어느 날 한 호텔 방에서 스스로 목숨을 끊는다. 왜 그랬을까? 남들이 보기엔 모든 걸 이룬 사람이었는데. 어쩌면 본인조차도 모르지 않았을까? 한 가지 분명한 사실은 있다. 수많은 재산과 명예와 인기와 경험이 있었지만, 그중 무엇도 그의 자살을 막지는 못했다는 것이다. 누구보다 낫다는 식의 비교는 얼마나 허망한가. 결국은 무엇이 채워져야 했는가.

자아

나다운 게 뭔데

한국 사회를 지배하는 거시적인 흐름 중 하나는 '미래를 위해 현재를 희생하라'는 명령이다. 이 정언명령에 따르면 현재는 미래를 위한 제물이다. 그 미래 역시 더 먼 미래를 위한 디딤돌이다. 이러한 인식은 무한하게 뒤로 확장한다. 초중고 시절은 명문대 입학을 위해, 명문대 입학은 안정적인 직장을 위해, 안정적인 직장은 가정을 일구기 위해 존재하는 식이다.

앞서 언급한 한국식 인생 루트를 관통하는 건 실은 돈이다. 너의 인생을 위해서, 잘 살기 위해서 등 다양한 문구로 포장하긴 하지만 사실 한국인의 삶이란 거칠게 말하면 돈을 벌기 위해 존재한다. 적어도 사회적으로 권장되는 방식은 그러하다.

어린 시절의 추억, 대학에서의 진리 탐구, 일에서의 자아

실현은 대개 현실도 제대로 직시하지 못하는 철없는 소리로 취급받는다. 대신 1분 1초를 어떻게든 경제적으로 번역하고자 하는 노력은 박수를 받는다. 사회 전체가 돈을 뽑아내는 하나의 거대한 기계 같다.

삶을 어떠한 목적이 있는 대상으로 다루는 건 대상화의 일종이다. 대상화란 정신적 자아를 가진 존재에 목적성을 부여하는 행위를 말한다. 사람은 일을 하기 위해, 또는 돈을 벌기 위해 태어난 존재가 아니다. 하지만 모두가 자진해서 자신을 대상화한다. 과정보다는 결과가, 현재보다는 미래가 더 귀중한 가치를 갖는다.

문제는 미래를 향한 인식 확장에 한계가 있다는 사실이다. 그 한계점을 죽음이라고 부른다. 사람은 언젠가 불가역적인 소멸의 순간을 맞이한다. 죽음의 시점은 그 누구도 확실하게 알 수 없다. 사후세계가 있는지도 알 수 없다.

다만 확실한 사실이 하나 있다. 현생에서의 삶은 딱 한 번뿐이다. 그래서 "메멘토 모리(죽음을 기억하라)"와 "카르페 디엠(오늘을 살아라)"은 한 문장으로 이어진다. 어느 순간에는 죽음을 맞이할 테니 지금 이 순간을 소중히 여기고 살아가라는 뜻이다.

좋다. 그럼 현재를 충만하게 살아가 보자. 이런 다짐과 함께 '퇴사 후 세계여행'이나 '욜로족' 같은 형태의 삶이 등장한다. 딱 받은 만큼만 일하며 자기 삶을 챙기겠다는 '조용한 퇴사' 역시 마찬가지다.

물론 반대급부의 라이프스타일도 맹위를 떨친다. 재테크, 사업, N잡, 각종 부업 등을 통해 어떻게든 경제적 자유를 획득하겠다는 몸부림이 대표적이다. 허리띠를 졸라매고, 돈 버는 공부를 하고, 잠을 줄이고, 자기계발서를 달달 외운다. 이러한 삶 역시 내 인생을 누리겠다는 목적을 가지고 있다. 다만 그 시점이 미래에 있을 뿐이다.

그렇다면 두 형태의 삶이 목적으로 삼고 있는 내 삶이란 대체 무엇일까? 어디에 있는 걸까? 세계여행을 떠나기 위해 배낭을 꾸리는 여행자는 내 삶이 지금 이곳이 아니라 해외의 여행지, 혹은 그 여정에 있다고 믿는다. 돈을 벌기 위해 독하게 살아가는 이들은 각종 재화를 통해 누릴 수 있는 경제적 안정성이 내 삶이라고 여긴다.

조금 이상하다. '내 삶'과 '지금의 나'가 분리되어 있기 때문이다. 지금 이 순간 여기에 있는 나는 부정해야 마땅한 존재로 전락한다. 나답게 살겠다며 무언가를 추구하는데, 그 나다움이 '나'다움과는 거리가 멀다. 오히려 '다움'이 가진 폭력성이 자아를 강하게 짓누른다. 이는 이국적인 여행지를 떠돌아다녀야, 또는 막대한 부를 거머쥐어야 나다울 수 있는 말과 같다.

젊은 세대를 중심으로 나다워야 한다는 담론이 무한정하게 생산된다. 현재를 살아야 한다는 주석도 붙는다. 하지만 어떻게 해야 나다울 수 있는지, 어떻게 현재를 살아가야 하는지에 대한 성숙한 논의는 부족해 보인다. 아직 내가 어떤 존재인지조차 모르는데 뒤에서 나답게 살라며 등을 떠미는 모양새다. 누구나 얘기할 수 있는 모호한 메시지를 담은 콘텐츠만 쏟아진다. 사유는 없고 주장만 있다.

한 존재를 정의한다는 건, 그 존재가 점유하고 있는 영역을 더듬는 행위와도 같다. 내가 누구인지 알려면 처음부터

한 문장으로 요약하려고 애쓰기보단, 어디까지가 나인지를 살펴야 한다. 어디까지가 나인지를 알려면 반대로 나를 이루는 요소를 하나씩 들어내면 된다. 그러다 보면 나라는 존재를 구성하기 위해 빠져서는 안 될 부분이 드러난다. 그 부분이 곧 '나'는 아니다. 다만 무엇이 '나'인지, 또 '나다운 게' 뭔지를 찾을 수 있는 하나의 방법이다.

너무 많은 정보, 혹은 욕구에 시달리는 건 나를 찾는 여정에 큰 도움이 되지 않는다. 나다워야 한다는 명제에 잡아먹히면 오히려 나다울 수 없다. 차라리 차분하게 주변을 정리하고 천장을 올려다보는 게 낫다.

돈이든 자아 성찰이든 세계여행이든 뭐든 간에 자신의 힘으로 사유해야 한다. 주장은 이미 넘쳐나는 세상이다. 하지만 그중 유의미한 사유를 거친 주장은 드물다. 누군가가 만들어 내지 못했다면, 스스로 해야 한다. 세상만사에 대해 전부 성찰하는 건 불가능하지만 적어도 내게 중요한 게 뭔지는 알아야 한다. 그래야 주장의 함정에 빠지지 않는다.

블루, 블루, 블루

건강보험심사평가원의 조사에 따르면 20대 우울증 환자 수는 2017년에 비해 2021년 120% 이상 증가했다. 이는 전 연령대를 통틀어 가장 높은 증가율이다. 같은 기간 30대는 67.3%, 10대도 90.2% 증가했다. 다른 세대에 비하면 압도적으로 높은 수치다. 즉 젊은 세대를 중심으로 우울증 환자가 급증하고 있다.

왜 그럴까? 여러 미디어 매체를 통해 정신건강의학과에 대한 인식이 개선된 점도 영향을 미쳤으리라. 다만 이 같은 문제가 특정 세대를 중심으로 나타난다면 어떨까? 요즘 들어 유독 젊은 세대의 마음을 무겁게 짓누르는 무언가가 있는 건 아닐까?

혹자는 코로나 블루나 경제적 어려움을 이야기한다. 물론 팬데믹으로 인해 사회적 활동반경이 축소되고, 주머니 사정이 어려워진 것도 중요한 문제다. 하지만 여전히 젊은 세대에만 국한된 문제라고 보긴 어렵다.

2010년도에 'N포세대'라는 말이 처음 등장했다. 연애, 결혼, 출산, 취업 등의 여러 과업 앞에서 백기를 드는 세대를 의미한다. 기성세대 입장에서는 이해가 되지 않는다. 웬만하면 취업해서, 결혼해서, 출산하는 게 당연한 시대였으니까. 자식 세대를 다그치기 시작한다. 언제 결혼하니, 언제 손주 안겨줄 거니, 하는 식으로.

젊은 세대는 미칠 노릇이다. 당장 내가 죽게 생겼는데 결혼 적령기니 뭐니 하는 강압적인 기준을 들이대며 압박을 해댄다. 아예 비혼주의를 선언하거나, 차일피일 결혼 일자를 미룬다. 부모 세대도 속이 타들어 간다.

하지만 솔직해지자. 속이 타들어 가는 이유가 정녕 자식의 미래를 걱정해서일까? '남 부끄러워서 내가 어떻게 사냐'느니, '누구네 집 딸내미는 벌써 애가 둘이라더라'하는 식의 발언에서 자녀 세대에 대한 배려나 존중은 찾아볼 수 없다. 그저 사회가 정한 규범에 맹목적으로 순응하기 위해 나타나는 일종의 가스라이팅이다.

우울증뿐만 아니라 불안장애도 젊은 세대를 중심으로 빠르게 증가하고 있다. 불안감은 오늘보다 내일이 더 나아지리란 판단이 서질 않을 때 주로 나타난다. 여기에 언젠가는 괜찮은 미래가 찾아올 것이라는 희망마저 좌절되면 깊은 절망감이 내면에 자리하게 된다.

젊은 세대는 앞으로 살아갈 날이 더 많다. 따라서 불안정한 미래에 흔들릴 수밖에 없다. 한국의 장래가 그리 밝지 않음을, 그리고 발붙이고 살아가는 현재조차 자신의 편이 아님을 직감한 것일까. 그 직감이 마음의 병으로 새어 나오는 걸까.

현실에서 희망을 찾지 못하면 사람은 저마다의 기준에 따라 선택을 내린다. 누군가는 미래에 찾아올 이익을 극대화하기 위해 현재의 행복을 희생한다. 파이어족이 가장 대표적이다. 파이어족은 극도로 소비를 아껴 빠르게 은퇴를 한 뒤, 원하는 일을 하며 여생을 보내려는 집단이다. 은퇴 시기를 앞당기기 위해 적극적으로 투자처를 모색하고, 허리띠를 강하게 졸라맨다.

반대로 현재의 즐거움을 한껏 누리자는 이들도 등장했다. 욜로(YOLO)족이 대표적이다. 어차피 미래에도 얻을 이익이 크지 않으니 당장 가지고 있는 얼마간의 자산이라도 확실한 행복을 위해 쓰겠다는 것이다. 극단화된 삶의 형태가 나타난다는 건 그만큼 사회가 혼란스럽고 불안하기 때문이다.

21세기 한국 사회에서 국가 단위의 거대 담론은 붕괴하였다. 민주화와 경제발전이라는 오랜 숙원사업이 이루어진데다, 다양한 삶의 가치가 통용되고 있기 때문이다. 조금 더 시곗바늘을 뒤로 돌려보면 특정 종교나 이데올로기가 국가를 지배했다.

조선에서는 유교 사상과 가부장제가 큰 영향력을 발휘했고, 중세 유럽에서는 가톨릭교회와 왕권이 거대한 힘을 휘둘렀다. 그러다 니체가 "신은 죽었다."고 선언하며 본격적인 현대사회의 포문을 열었다. 거대 담론은 무너졌다. 이제 개인은 저마다의 가치를 추구할 권리를 얻었다.

역설적으로 여기서 문제가 나온다. 기존의 거대 담론은 비록 강압적이었지만 최소한 얼마간의 보상을 약속했다. 더 나은 세상이라든지, 당장의 안위라든지 하는 식으로. 평생직장이 살아있던 시절, 회사에 대한 충성심이 종신고용을 보장했던 것처럼.

이제 남은 건 거대 담론의 잔해에 찌꺼기처럼 눌어붙은 여러 의무 조항과 불안한 미래뿐이다. 회사에 충성해도, 종교를 신봉해도, 국가에 대한 애정을 과시해도 아무런 소용이 없다. 그렇다고 현대 한국 사회에서 '난 그냥 개인이오' 같은 말을 하며 나 자신으로 살겠다는 선언을 해봐야 온전히 존중받기도 어렵다.

그래서 제도권에서 탈출하거나, 제도권의 꼭대기에 오르거나, 혹은 그 모든 시도를 포기한 채 무기력하게 살아간다. 우울증은 그 뿌리 깊은 절망감에서 기인한다. 개인주의와 집단주의가 어설프게 병존하고 있는 틈새에 끼어 신음만 내는 것이다.

사실 우울증 자체보다 더 큰 문제는 이에 쏟아지는 부정적인 시선이다. 우울증은 마음의 감기라는 말이 있다. 내면의 면역체계가 약해지면 나타나는 증상일 따름이다. 감기에 걸렸다고 해서 왜 이렇게 나약하냐고 윽박지르는 사람은 거의 없다. 그런데 유독 우울증만은 의지만으로 어찌할 수 있다고 생각한다.

강한 의지만 있다고 해서 바이러스를 몸에서 몰아낼 수 없듯, 우울증도 마찬가지다. 적절한 상담과 휴식, 약물치료와 운동 등의 방법을 통해 치유해야 한다. 우울증에 대한 담론을 억누른 결과, 한국은 OECD 국가 중 가장 높은 수준의 자살률을 보인다.

혹자는 자살을 극단적 '선택'이라고 부르며 문제를 단순화한다. 어떤 이들은 '누가 자살하라고 칼 들고 협박했냐'고 빈정거린다. 네가 그렇게 선택했으니, 그에 대한 책임과 결과는 네가 온전히 지라는 말이다. 그렇게 사회는 면죄부를 얻는다.

자살이 사회적 '살인'이라는 말에 완전히 공감하진 않는다. 그렇다고 사회가 책임을 온전히 피하기는 어려워 보인다. 한 개인이 자살을 택하기까지 생각보다 많은 단계를 거친다. 그 과정에 영향을 미치는 것 또한 사회다. 우울증에 대한 공론화를 금기시하는 분위기, 공권력의 책임 방기로 발생하는 여러 사건·사고들, 정신적 문제에 대한 지원과 대책 부재, 경제적 양극화 등이 대표적이다.

이젠 정말 '살고' 싶은 사회를 만들어 가야 한다. 최소한 누군가의 어려움이 온전히 받아들여질 수 있어야 한다.

인스타그래머블

'Instagramable(Instagram+able).' 직역하면 '인스타그램에 올릴만한'이라는 뜻이다. 인스타그램은 사진 및 영상 기반의 소셜 미디어 플랫폼으로 2030 세대를 중심으로 활발하게 소비되고 있다. 인스타그램은 메타(구 페이스북)와의 합병 이후 계속 판세를 키웠다. 젊은 세대 사이에서는 페이스북을 제치고 가장 인기 있는 플랫폼으로 자리 잡았다.

사진과 영상은 문자보다 더 직관적으로 메시지를 전달할 수 있다. 특히 영상은 청각 정보와 함께 생생한 현장감을 그대로 옮겨온다. 여기에 사회적 관계 욕구가 더해지자, 인스타그램을 비롯한 소셜 미디어 서비스는 폭발적으로 성장한다.

얼마 전 거대한 크리스마스트리 앞을 지나갔다. 사람들이 한 줄로 서서 자신의 차례를 기다렸다. 여러 촬영 각도로 트리의 모습, 무엇보다 자기 모습을 담기 위해서. 그렇게 찍은 수십장의 사진 중 가장 잘 나온 녀석을 고른다. 그 위에 여러 필터를 덧씌운다. 간결한 해시태그와 함께 올리면 트리는 제 역할을 다한 셈이다. 적어도 거기 모인 이들에게 크리스마스트리란 'Instagramable'했다.

그렇다면 대체 어떤 정보가 '인스타그램에 올릴만한' 가치를 가지고 있을까? 소셜 미디어를 통해 전달할 수 있는 정보는 크게 세 가지다. 경험 정보, 관계 정보, 그리고 자아 정보다.

경험 정보는 인스타그램 피드나 스토리를 통해 올리는 사진과 영상을 통해 충실히 구현된다. 예쁜 크리스마스트리, 반짝거리는 스트링 라이트, 사방에 울려 퍼지는 캐럴, 그리고 그 모든 풍경을 무심한 듯 바라보고 있는 나의 모습. 이 모든 걸 한 화면에 조심스레 담아 시청각적인 자극을 빚어낸다. 여기서 전달되는 신호는 '나 이런 것도 경험했어'다.

관계 정보는 팔로워나 친구 수를 통해 정량화되기도 하

고, 사진에 같이 찍힌 사람을 통해 정성적으로 인식되기도
한다. 팔로워 백 명을 가진 사람보다 만 명을 가진 사람의
관계 정보가 더 가치 있다. 프레임 속에 들어온 사람이 많을
수록, 잘생기고 예쁠수록, 쉽게 만나기 어려울수록 더 가치
있다. '남친 혹은 여친이 찍어준'이라던가, '00모임에서 같
이 찍은'이라는 키워드가 붙으면 큰 가치를 갖는다. 여기서
전달되는 신호는 '나 이런 관계망을 가지고 있어'다.

　자아 정보는 더 은밀하게 나타난다. 대놓고 "나는 환경과
아동 인권에 관심 있는 사람이다."라고 선언하는 사람은 없
다. 진정성도 없어 보이고 주장만으로는 설득이 되지 않기
때문이다. 대신 생물다양성 영화시사회에 참석한 영상을 올
리거나, 아동 인권 단체에 기부한 내용을 사진으로 찍어 공
유한다면 이런 메시지를 보다 설득력 있게 전달할 수 있다.

　특히 소유를 위한 소비에서 경험을 위한 소비로 트렌드
가 옮겨 가며 자아 정보는 더 큰 가치를 갖는다. 예전처럼
외제차 로고와 고급 시계를 대놓고 촬영하는 이는 많지 않
다. 그보다는 더욱 아주 멋지고 윤리적인 메시지를 줄 수 있

는 경험 소비가 더 주목받는다. 여기서 전달되는 신호는 '나 이런 사람이야'다.

소셜 미디어라는 트로피 방에 전시될 수 있는 건 조금이라도 독특한 경험이거나, 넓은 관계망이거나, 멋진 나의 자아상이다. 결국 중요한 건 신호와 정보다. 신호와 정보는 보는 이의 마음에 인식을 심어준다. 나라는 사람을 긍정적으로 편집한 결과다. 그리고 이러한 행위는 상호호혜적이다. 흔히 말하는 '좋아요 품앗이'가 대표적이다. 나의 사진에 '좋아요'를 눌러주면, 나도 너의 사진에 '좋아요'를 눌러주겠다는 식이다.

혹자는 SNS가 '시간 낭비 서비스'의 준말이라며 조롱하기도 한다. 물론 그런 측면도 있겠지만 이런 납작한 평가로는 소셜 미디어의 의미를 제대로 파악할 수 없다. 확실한 건 소셜 미디어가 대중의 삶에, 특히 젊은 세대의 일상에 꽤 강렬히 스며들었다는 사실이다.

사람에게는 누구나 자신의 이름을 알리고 싶은 욕구가 있다. 설령 그것이 악명이라고 할지라도. 비틀스의 멤버 존레논을 살해한 마크 채프먼은 '유명해지고 싶어서' 범죄를 저질렀다고 진술했다. 하물며 명예를 얻고 싶은 욕망은 오죽하겠는가. 소셜 미디어는 기존에 공인만 누리던 스포트라이트를 모두에게 비춘다. 이제 일반 대중도 관심의 대상이 될 수 있다.

특히 자기표현의 욕구가 강한 젊은 세대가 크게 열광했다. 지금까지는 자신을 드러낼 수 있는 통로가 꽤 제한적이었기 때문이다. 사회적인 부를 가지고 있다면 비싼 자동차나 명품 가방을 통해, 명성을 얻고 있다면 자신을 향해 환호하는 팬을 통해 자기표현이 가능하다. 둘 다 없다면 어떻게 해야 할까? 이제는 소셜 미디어라는 대안이 생겼다. 계정을 열어 남들이 환호할 만한 사진과 영상을 찍어서 올리면 된다.

온라인 트로피룸이 주목받으니, 오프라인에서의 경험도 그 의미가 달라진다. 기존에는 '내가 하는 그 경험'이 중요했다면 이제는 '그 경험을 하는 나의 모습'이 중하다. 불특정다수를 대상으로 자신을 전시할 수 있으니까.

이제 콘서트장에 가면 많은 이들이 자신의 스마트폰 디스플레이를 통해 가수의 공연을 관람한다. 바로 눈앞에 있는 실제 가수보다 그 장면이 제대로 화면에 담기고 있는지가 더 우선시된다. 공유되지 못할 경험이란 소셜 미디어에서 무의미하기 때문이다.

흔히 말하는 '인스타 맛집'도 마찬가지다. 맛보다는 가게 인테리어나 음식이 주는 시각 정보에 더 열을 올리는 경우가 많다. 형형색색의 소스를 활용하거나, 치즈를 마구 끼얹거나, 햄버거 패티로 탑을 쌓는 식이다. 즉 실제 맛보다는 맛있어 보이는 게 더 중요하다. 여기에 지글지글 뭔가를 튀기거나 굽는 소리가 들린다면 금상첨화다. 청각 정보는 꽤 강력한 신호니까.

사실 이조차도 어느 정도 사회적 부를 가지고 있는 이들만이 누릴 수 있다. 온라인 공간을 풍성하게 채워가려면 역설적으로 오프라인에서의 영향력이 있어야 한다. 소셜 미디어란 오프라인에 있던 존재(It)를 온라인 정보(Bit)로 변환하는 도구다. 그래서 '인스타 맛집'에 갈 자유를 가지지 못한 이들은 온라인 콘텐츠의 충실한 소비자가 된다.

다큐멘터리 <소셜 딜레마>는 소셜 미디어 플랫폼에 종사했던 이들의 입을 빌려 그 폐해를 고발한다. 페이스북이나 인스타그램이 활성화된 이후 여러 부작용이 나타난다. 젊은 세대의 우울증 비율이 늘었고, 정치적 의견은 양극화되었고, 심지어 자살률도 증가했다.

경험의 내용보다는 형식이, 숙고보다는 선동이 더 자극적이기 때문이다. 플랫폼 기업의 경영진은 자기 자녀에게는 소셜 미디어나 스마트폰을 쓰지 못하게 한다. 그 해악을 최전선에서 경험하고 있으니까.

이 시점에서 '진짜 삶은 현실에 있다'든지, '소셜 미디어는 해롭다'라든지 하는 식의 조언이 나온다. 물론 일리가 있다. 다만 오프라인 공간을 제대로 점유하지 못하는 청년 세대가 온라인 공간에서나마 숨을 돌리고 있다는 점도 부정하기 어렵다. 게다가 시공간의 제약을 넘어 전 세계에 있는 사람과 소통할 수 있으니 소셜 미디어를 마냥 비난할 수만은 없다.

온라인 세상에서 빠져나오라고 충고하기 이전에 대안을 만들어야 한다. 설령 경제적으로 풍족하지 않더라도 맘 편히 시간을 보낼 수 있는 오프라인 공간과 프로그램이 필요하다. 진짜 삶이 현실에 있다면 그 현실을 풍성하게 만드는 게 우선이다.

위로하려거든 돈으로 주세요

구글 트렌드에 따르면 '힐링' 키워드는 2012년을 기점으로 '웰빙'을 넘어 지배적인 위치에 자리한다. 웰빙이 신체적인 건강과 주로 연관된 키워드라면, 힐링은 정신적인 건강과 엮여 있다. 힐링 음악, 힐링 스파, 힐링 여행, 힐링 에세이, 힐링 영화 등 관련 파생상품이 우후죽순으로 피어난다. 수많은 힐링 상품이 전국적으로 양산되는 걸 보고 있노라면, '힐링'이 'MZ세대'와 같이 그저 간편하게 소비되어 버리고 마는 단어가 아닌가 하는 의심을 지우기 어렵다.

서점 판매대를 점점 채워가는 힐링 에세이를 물끄러미 바라볼 때면 위기의식마저 느낀다. 정말 이대로 괜찮은 걸까? 깜찍한 캐릭터와 몽글몽글한 표지가 책장을 메워가는 게 뭐가 그리 큰 문제냐고 반문할 수 있다. 애초에 힐링이 내포한 치유라는 개념이 나쁠리는 없으니까, 라고.

물론 누군가에게는 힐링 에세이가 필요하다. 무작정 위로 받고 싶은 날도 있기 마련이고, 조금은 확신을 얻고 싶을 수 있으니까. 다만 책장을 넘기면 넘길수록 힐링 에세이가 건네는 말 한마디 한마디가 무의미를 넘어 해가 되지 않을까 우려스럽다.

모든 약에 부작용이 있듯 힐링 에세이도 마찬가지다. 필요할 때 적당히 처방하면 득이 되지만 남용하면 중독에 빠진다. 인생은 대부분의 사람에게 안 괜찮은 문제다. 적어도 마냥 덮어놓고 있을 만큼 만만한 대상은 아니다.

함부로 "무조건 괜찮아. 네가 무조건 맞아."라고 말해서는 안 된다. 고통스럽더라도 하나씩 아픈 곳을 짚어주는 최소한의 성의는 보여야 한다. 힐링 에세이의 부작용은 무심하게 내려지는 위험천만한 결론에서 기인한다. 상대방에게 관심조차 없으면서 던지는 무책임한 말. 무책임 앞에서 느껴야 하는 감정은 분노다. 그래서 몇몇 힐링 에세이란 실은 분노 유발 에세이로 불려야 한다.

위로 대신 돈을 받자. 무책임에 비용을 청구하자. 힐링 멘

토라는 꼬리표를 달고 청춘에게 쏟아지는 위로는 보통 게으르게 주어진다. 이들이 말하는 청춘이란 현재가 아닌 먼 옛날 옛적 자신의 젊은 시절을 전제로 한다. 둘 사이에는 상당한 시차가 있다.

조언인지 훈계인지 모를 문장 하나하나가 시곗바늘을 거꾸로 돌리고 있다. 사람은 오롯이 현재 시점에서 이해해야 한다. 정확하지 않게 '이해당해' 버린다면 마땅히 분노가 치밀어야 한다.

어찌 이것뿐이랴. 도처에서 목격되는 고통과 불합리를 공허한 위로로 대신하려는 시도가. 제도나 구조적 모순은 그대로 방치된다. 사회적 소수자에게, 코로나19 사태를 온몸으로 받아낸 의료진에게, 참사 피해자에게, 고통받는 약자에게 주어지는 몫이란 그토록 알량하다.

환부에 진통제만 바르는 정도로는 부족하다. 상처가 있다면 꿰매야 하고, 뼈가 부러졌다면 부목을 대야 한다. 원인을 정확히 규명하고 예방해야 한다. 윤리와 도덕은 약자에게 불필요한 고통을 야기하지 않는 데서 시작한다. 위로도 좋지만 거기서 그친다면 무능한 정도가 아니라 사악한 것이다.

구글의 모토는 '사악해지지 말자(Don't be evil)'다. 어떻게 보면 새삼스러운 다짐이다. 악을 지양하고 선을 지향한다는 건 도덕의 황금률 중에서도 가장 기본이니까. 그만큼 사악해지지 않기란 어렵다. 빌런이 아닌 슈퍼 히어로가 박수를 받는 건 그토록 힘든 일을 해내기 때문이다.

의미 없는 위로를 건네는 건 쉽다. 문제를 직시하고 해결하기는 어렵다. 힐링이 많다 못해 넘쳐난다. 쉬운 길은 분명 유혹적이지만 대개는 정답이 아니다.

부엔 카미노

이른 새벽, 배낭을 챙겨 길을 나선다. 산티아고 순례길은 프랑스의 생장 피에드포르부터 스페인의 산티아고 데 콤포스텔라에 이르는 약 800km 정도의 여정이다. 본래는 가톨릭 순례자가 걷던 길이었으나 현대에 와서는 다양한 이들이 저마다의 이유를 안고 이곳을 찾는다.

비서구권 국가 중에서는 한국인이 가장 많이 이 길을 방문한다. 실제로 몇 년 전 순례길을 걸었을 때 일본인이나 중국인은 거의 찾아볼 수 없었다. 물론 한국은 아시아 국가 중 유독 기독교 신앙이 강한 나라다. 하지만 얘기를 나눠보면 종교보다는 자아 성찰을 목적으로 온 사람이 많았다.

끝없이 펼쳐진 산과 들판, 오솔길을 지나다 보면 나를 발견할 수 있을까? 의구심이 들었지만 우선 발걸음을 옮겼다. 신발 끈을 여미고, 지팡이를 집어 들고 걷고 또 걷는다.

저 너머에 나를 위한 정답이 있을 거라고 되뇌면서.

한 달 넘는 여정 끝에 종착역인 산티아고 대성당 광장에 발을 들였다. 지팡이와 배낭을 던져두고 한쪽 구석에 앉아 성당의 첨탑을 바라보았다. 그토록 찾아 헤매던 자아는 어디에 있는 걸까. 만약 자아 성찰을 위해 이 길을 찾았다면 실망할 공산이 크다. 왜냐면 자아란 그렇게 발견할 수 있는 게 아니니까.

한국의 근현대사는 변화의 연속이었다. 세계에서 가장 빠른 수준의 경제발전이 대표적이다. 특유의 ‘빨리빨리 문화’가 한몫했다. 다행히 눈부신 성취를 이루었다. 그런데 마음 한구석이 허전하다. 분명 선진국만큼 잘살게 되었는데, 이제 어떤 가치를 품고 살아가야 할지 혼란스럽다.

특히 개인 차원의 실존적 위기감이 찾아온다. 행복이나 웰빙, 힐링 등 몇몇 키워드가 모두의 삶을 잡아끄는 이유도 여기에 있다. 경제발전이나 민주화 같은 지상과제가 어느 정도 해결된 현대사회에서 믿고 의지할 만한 체계가 필요하기 때문이다. 사람은 믿지 않고서는 단 하루도 제대로 살아갈 수 없는 존재다.

나는 누구인가? 공부하느라, 일하느라, 가족을 부양하느라 애써 덮어놨던 질문이 고개를 빼꼼 내민다. 외면해도 소용없다. 살다 보면 언젠가는 정면으로 마주하게 되니까. 정답을 알 길이 없으니 이리저리 떠돌아다닌다. 세계여행에서, 산티아고 순례길에서, 또는 돈이나 성공에서 답을 찾을 수 있다고 믿는다.

훌쩍 떠난 여행지에서, 순례길 위에서, 좋은 외제차 안에서 찾을 수 있는 건 자아의 한 조각이다. 그 상황과 맥락 안에서의 '다. 조금만 돌아서면 나라는 존재는 다시 흐릿해진다. 혼란스럽다. 분명 순례길을 완주했을 때 자아를 찾은 것 같았는데. 인천공항에 발을 들이는 순간 예전의 내가 되어버린다. 그게 싫어서 떠난 여행이었는데, 분명 그랬는데.

자아란 완성된 결과물이 아니라 스스로 만들어 가는 궤적이다. 단일한 실체가 아니라 모든 경험과 감정과 관계와 신념과 생각의 총체다. 시간이 지나면 자연스레 변화한다. 흔히 사람은 절대 바뀌지 않는다고 하지만 그렇지 않다.

실은 놀라울 만큼 자주 달라진다. 자아라는 건 내면과 외부 세계가 빚어내는 혼돈이니까. 이런 몇 가지 사실만 인지해도 '자아를 찾으려면 산티아고 순례길을 걸어야 한다'는 문장에 휘둘리지 않게 된다. 인도나 히말라야, 사하라 사막 여행도 마찬가지다.

순례길에서 가장 일찍 일어나 다음 목적지로 힘차게 발걸음을 옮기는 건 대개 한국인이다. 여유와 사색을 위해 이 길을 찾았지만, 다음 마을이라는 목표를 주니 누구보다 열심히 걷는다. 제일 먼저 도착해 짐을 풀고, 식사하고, 씻고, 멍하게 천장을 바라본다. 그제야 다른 나라 순례자가 어슬렁어슬렁 나타난다. 이들은 때로 숙소를 구하지 못하고 다시 길을 나선다. 하지만 표정은 밝다.

이렇게 먼 거리를 날아와 자아를 찾고자 했다면 자신을 조금 내려놨어야 하는 건 아닐까? 물론 자책할 필요는 없다. 무엇이 옳다 그르다를 따질 수는 없으니까. 나는 그 순간에 가장 자연스러운 자아의 형태를 택했을 뿐이다.

만약 전투적으로 순례에 임하는 자기 모습이 마음에 들

지 않는다면? 다른 순례자와 같이 여유 있게 걸으면 된다. 중간에 멈춰 앉아 그림도 그리고, 수다도 떨고, 커피도 한잔 하면서. 의외로 편안하게 그 순간에 몸을 맡길 수도 있고, 역시나 불안하여 여장을 급히 꾸릴 수도 있다. 중요한 건 수용이다. 내가 어떤 사람이든 우선 받아들이는 것. 자아를 맞이하는 첫 단계다.

하지만 맹목적인 긍정에서만 그치면 안 된다. '내가 괜찮은 사람인 이유는 내가 나이기 때문이다'라는, 순환 논리의 오류를 저지를 수 있기 때문이다. 다른 사람은 몰라도 자기 자신은 속일 수 없다. '내가 나라서 괜찮다'는 논리와 '괜찮지 않은 나의 모습' 사이에서 인지부조화가 오면 괴롭다.

중요한 건 자신을 속이지 않고, 현실을 받아들이고, 더 나은 자아상을 만들어 가기 위해 끊임없이 노력하는 것이다. 산티아고 순례길을 향해 얼마든지 떠나도 좋다. 다만 길 끝에 인생의 정답이 손을 흔들며 기다리고 있을 거라는 순진한 환상은 버려야 한다. 순례길에는 산티아고라는 목적지가 있지만 현실에는 끝이 없다. 죽는 날까지 진행형이다.

산티아고 순례길이 국내에서 선풍적인 인기를 끌었던 건 그만큼 '완결 서사'가 익숙해서가 아닐까? 한국인은 인생의 여러 과업을 이루는 것에서 의미를 찾는다. 하나를 끝내면 다음 단계로 바쁘게 넘어간다. 언젠가 이 지난한 과정 끝에 대단한 보상을 받으리라 믿으면서.

하지만 아무리 걷고 걸어도 그런 일은 벌어지지 않는다. 산티아고 대성당 광장에 한참을 앉아 있었지만, 극적인 사건은 없었다. 그저 뒤따라온 가족과 합류해 숙소로 터벅터벅 향했을 뿐이다. 다음날 줄을 서서 완주 증명서를 받고, 다음 여행지로 가기 위해 버스에 올라탔다.

그렇다면 이 모든 여정에는 어떤 의미가 있었는가? 이렇게 반문할 수 있다. 만약 여행의, 또는 인생의 의미를 결과에서 찾고자 하면 허무하다. 결과는 또 다른 과정으로의 통로이기 때문이다. 대학에 들어가도, 직업을 얻어도, 결혼해도, 아이를 낳아도 삶은 이어진다.

의미란 과정에서 조금씩 배어 나온다. 그래서 과정을 제대로 즐기지 않으면 안 된다. 순례길을 그저 산티아고에 닿기 위한 수단으로만 본다면 고행에 불과하다. 상당한 비용과 시간을 들여서 하는. 순례길의 의미란 대성당 광장에 있지 않다. 우연히 마주친 구름에, 길에서 만난 순례자에, 오래된 사원에, 낡디낡은 표지판에, 와인 한 잔에 담겨있다.

결과의 허망함을 아는 사람은 과정을 최대한 충실하게 만끽한다. 목표라는 함정에 빠지지 않고 자신의 신념과 정체성과 취향과 사랑을 지켜나간다. "부엔 카미노(Buen Camino)!"는 순례길에서 흔히 들을 수 있는 인사말이다. 스페인어로 "좋은 여정이 되길 바란다."는 뜻이다.

좋은 여정. 순례길에서 바랄 수 있는 건 딱 그 정도다.

이래서 다들 MBTI, MBTI 하는구나

2030세대 사이에서 서로 MBTI 유형을 물어보는 건 자연스러운 수순이 되었다. 자기 자신을 지나치게 일반화하는 건 아닐까 하는 우려와, 그런데도 상대에게 나를 간결하게 표현하고 싶다는 양가감정이 뒤섞인다.

MBTI는 마이어스-브릭스 유형 지표(The Myers-Briggs-Type Indicator)의 준말로 사람의 성격 유형을 16가지로 나눠 설명한다. 신빙성에 대해선 갑론을박이 오가지만 중요한 건 정말 많은 사람이 MBTI를 통해 타인을 인식하고, 또 판단한다는 것이다. 한국 사회, 그중에서도 2030세대를 중심으로 선풍적인 인기를 끌고 있다.

그렇다면 MBTI 성격 유형 검사가 왜 새삼 수많은 이의 지지를 받게 된 걸까? MBTI 검사는 1944년에 만들어졌다. 칼 융의 이론을 바탕으로 세워진 것을 감안하면 거의 백

년 묵은 검사법이다. MBTI 검사가 국내에 도입된 건 1990년대다. 어렸을 때 이 검사를 받은 기억이 나지만, 그때는 지금과 같은 유행을 타지 않았다.

우선 코로나19 사태 이후 하나의 놀이문화로 자리 잡은 게 유효했다. 기존의 MBTI는 말 그대로 성격유형검사 내지는 심리검사의 범주에 들어갔다. 성격유형을 16가지로 구분한다는 건 분명 흥미로웠지만 대중화되기에는 엄연한 장벽이 있다. 실제로 MBTI 협회에서 주관하는 테스트와 해석을 들으려면 공인 자격증을 가진 사람을 찾아가서 상담받아야 했다.

그런데 어느 순간 MBTI 테스트 자체가 더 가벼운 밈(meme)으로 변형되어 곳곳에 퍼져나가기 시작했다. 팬데믹으로 사회적 접촉이 줄어들었다. 늘어난 시간을 어떻게 보낼까 고민하던 중, 모두의 레이더망에 MBTI 밈이 포착되었다. 여전히 사회적 관계를 갈구하던 사람들은 검사 결과를 가까운 지인과 공유하며 간접적으로나마 유대감을 쌓아갔다.

여기에 타인과 자신을 이해하고 싶은 욕구가 맞물리면서 큰 시너지 효과를 냈다. 한국의 젊은 세대는 MBTI가 제공하는 16가지'씩이나' 되는 설명체계에 열광했다. 수직적 집단주의 문화가 강한 한국 사회에서 한 개인이 수평적으로 이해되는 경우가 드문 탓이다. MBTI 검사가 사람을 유형화하고 납작하게 구분 짓는다는 혹평과는 사뭇 다른 반응이다.

한국 사회에서는 모두가 수직 방향으로 나뉜다. 성별, 나이, 출신 지역 같은 선천적 정체성은 물론이고 재산, 학력, 하다못해 키나 외모로 구분한다. 그 세세한 피라미드는 인도의 카스트 제도와 유사하다. 그래서 어떻게든 그 피라미드의 표면에 피켈을 박아넣고 올라가기에 급급하다.

MBTI 검사는 16가지 성격유형을 수평적으로 펼쳐놓는다. 내향적인 사람이 외향적인 사람보다 열등하다고 말하지 않는다. 한국 사회에서 살아가는 내향인은 빈번하게 듣는 평가인데 말이다.

그보다는 이러이러한 성격유형이 있으며, 모든 성격에는

장단점이 있다고 설명한다. 물론 모든 사람을 16가지 유형으로만 나눌 수는 없다. 비판의 지점도 보통 여기에 집중되어 있다. 일견 맞는 말이지만 이 테스트가 그동안 젊은 세대가 갈구하던 어떠한 지점을 건드렸다는 데에 주목해야 한다. 그 누구도 다른 누구보다 우월하거나 열등하지 않다. 다만 그 자신일 뿐이다. 이 한마디를 듣고 싶은 마음. MBTI가 대유행을 탄 근본적인 이유는 여기에 있다.

개인적으로도 MBTI의 수혜를 입었다. 내향적인 사람이라고 당당하게 말할 수 있게 되어서. 내향성은 학교나 군대, 회사 등 단체생활에서 항상 걸림돌이 되었다. 사실 문제는 성격 자체에 있지 않다. 성향을 강압적으로 짓누를 때 불거진다.

내향적인 사람은 성격을 고치라는 사회적 압박을 받는다. 성격이 상당 부분 유전으로 결정되며, 일정 연령 이상부터는 쉽사리 변하지 않는다는 과학적 사실은 쉽게 무시된다. 할 수 있냐 없냐의 문제를 떠나서 왜 내향성만이 결함 취급을 받아야 하는지 의문이다.

고친다는 건 '고장 나거나 병든 것을 바로잡는다'는 뜻이다. 그리고 한국 사회에서 '고치다'는 '소수 혹은 약자가, 다수 혹은 강자의 구미에 맞게 자신의 정체성을 수정한다'는 의미로 통용된다. '내향성을 고쳐야 한다. 사투리를 고쳐야 한다. 여성성을 고쳐야 한다. 동성애적 성정체성을 고쳐야 한다'가 대표적이다. 진정 고쳐야 하는 건 개인을 억압적으로 바라보는 납작한 인식이다.

최선을 다해 다정하게

현대 한국 사회에는 크게 두 가지 서사가 대립과 공존을 이어가고 있다. 한쪽에서는 현재의 중요성을 부르짖는다. 어제와 내일은 존재하지 않으며 오늘만이 내 앞에 놓여 있다. 오늘, 나, 내면 등이 주요 키워드다. 다른 한쪽에서는 미래의 중요성을 강조한다. 더 나은 내일을 위해 오늘을 참고 견뎌야 한다고 말한다. 미래, 노후, 성공 등이 주요 키워드다.

빠른 은퇴를 위해 허리띠를 졸라매는 파이어(FIRE)족은 후자의 삶을 지향한다. 인생은 한 번이니까 오로지 지금의 행복에 집중해야 한다는 욜로(YOLO)족은 전자의 삶을 따른다. 그리고 대다수의 사람은 두 극단 사이에서 자신만의 위치를 찾는다.

젊은 세대로 한정하면 현재 서사 쪽으로 무게가 실리고 있다. 여기엔 세 가지 슬픈 사연이 숨어 있다.

첫째, 경제 고성장기가 끝나고 저성장 국면의 뉴 노멀
(New normal) 시대가 도래했다. 이제 현재를 희생하여 얻
을 수 있는 미래의 이익이 그다지 크지 않다. 빚을 한껏 끌
어안고 지금 사둔 집 한 채, 학창 시절을 모조리 부어 얻어
낸 명문대 학위, 어떻게든 비집고 들어간 일자리가 주는 효
용가치가 점차로 감소한다.

둘째, 사회의 변화 속도는 갈수록 탄력을 받는다. 기업은
이제 10년짜리 장기 계획을 세우지 않는다. 기껏해야 2~3
년 정도의 단기 계획만 정해둔다. 아무리 치열하게 고민하
고 예측해도 매번 빗나가니까. 그래서 찾아올지도 모를 미
래에 판돈을 걸기보다는 현재에 충실하게 된다.

셋째, 미래를 위해 모든 걸 희생한 산증인, 부모 세대가
눈앞에 있다. 경제발전을 위해, 가족을 위해, 한국 사회를
위해 젊음을 비용으로 지불했다. 그리고 인제야 그 과실을
조금씩 누리고 있다. 하지만 그다지 행복해 보이지는 않는
다. 그 모습을 뒤에서 물끄러미 바라보던 자식 세대는 이제
다른 대안을 찾아야 한다는 걸 깨닫는다.

그렇다고 현재 서사 하나만으로 젊은 세대를 이해하려 한다면 너무 순진한 발상이다. 앞서 언급한 파이어족도 그렇고, 무지출챌린지도 그렇고, 여전히 미래에 희망을 걸어보는 이들도 수두룩하니까. 기성세대가 느끼는 혼란은 여기에서 온다.

언제는 빠른 은퇴를 한다고 했다가, 언제는 평생 일할 거라고 한다. 이전에는 플렉스(Flex)를 했다가, 이제는 무지출챌린지를 소셜 미디어에 인증한다. 대체 'MZ세대'의 특징은 무엇인지 헷갈린다. 그래서 MZ라는 급조된 포장지에 여러 사람을 둘둘 말아버린다.

사실 낯선 풍경은 아니다. 이미 'MZ 세대' 이전에 있던 X세대부터 쭉 나왔던 이야기니까. 아니, 어쩌면 그 이전에 있던 베이비부머 세대도 젊은 시절에는 전후 세대에게 이해받지 못하는 별종이었을지 모른다. 새로운 삶의 방식을 추구하는 건 젊은 세대가 가진 가장 대표적인 특성이다.

현대사회에는 다양한 삶의 방식을 실현할 수 있는 토양이 갖추어져 있다. 어느 시대건 젊은이는 독특한 존재였지만, 이제 그 독특함이 현실에서 힘을 발휘하기 시작한다.

왜 젊은 세대는 퇴사 릴레이를 감행할까? 회사에 의존하지 않고도 삶을 이어갈 수 있을 만큼 다양한 직업적, 경제적 대안이 생겨났기 때문이다. 왜 젊은 세대는 소셜 미디어에 자신의 인생을 전시할까? 새로운 기술이 개발되고, 사회적 합의가 이루어졌기 때문이다. 왜 젊은 세대는 비혼주의와 비출생을 선언할까? 형성 가족의 힘을 빌지 않고 삶을 꾸려갈 수 있는 여러 제도와 시스템이 있기 때문이다.

그저 젊은 세대가 무모해서, 뭘 몰라서, 생각이 없어서 그런 게 아니다. 그럴 수 있으니까, 그래서 그런 거다. 이전 세대가 국가, 사회, 집단의 도그마에 짓눌려 신음하고, 힘들어하는 장면을 지근거리에서 목격했기 때문이다. 세계적인 수준의 경제성장을 이뤄낸 한국 사회는 그 반대급부로 심각한 부작용을 앓고 있다.

이제 숨을 고르고 다음 담론으로 넘어가야 한다. 한국의 경제력은 세계 10위권이 되었고, 민주주의 제도도 건강하게 잘 정착했다. 물론 아직도 손볼 곳이 많지만 가장 심각한 문제라고 보기는 어렵다.

한국 사회의 가장 심각한 문제는 관용의 부재다. 정권이 바뀔 때마다, 참사가 일어날 때마다, 약자가 억압당할 때마다, '자유' 민주주의 공화국에서 다른 삶의 궤적을 선택하려고 할 때마다, 싫은 걸 싫다고 말할 때마다, 강압적인 손바닥이 눈앞까지 마중을 나온다.

그 과정에서 누군가 불필요한 고통을 겪는다. 왜 그래야 하는가? 낡디낡은 도그마를 지키는 게 누군가 겪는 실존적 고통보다 더 중요한가? 만약 그렇다면 그 도그마는 폐기되어야 마땅하다. 그렇지 않으면 더 거대한 힘을 가진 존재가 강제하는 도그마에 저항할 명분을 그 누구도 갖지 못할 것이므로.

일제의 식민 지배와 탄압이 악하다고 여겨지는 이유는 무엇일까? 만약 반대로 조선이 일본을 가혹하게 지배했다면 당시의 일본 국민이 고통을 받았을 것이라는 간단한 논리적 결론에 이르기 때문이나. 그리고 이 단순하디 단순한 생각의 전환을 공감이라고 부른다.

공감은 그저 이타적인 차원에서만 발현되지 않는다. 이는 자신을 위한 방어막이기도 하다. 내가 대접받고 싶은 만큼 남을 대접하라는 윤리관은 구성원 상호 간에 발생하는 일종의 계약이다. 나도 너를 해치지 않을 테니, 너도 나를 해치지 말라는 최소한의 약속이다.

만약 인류가 서로의 등에 칼을 꽂는 조상의 후손이었다면, 지금까지 살아남아 문명을 이룩하지 못했을 것이다. 인류는 적어도 유아 단계에서는 다른 영장류에 비해 지능이 떨어진다. 힘이 세거나, 민첩하지도 않다. 하지만 대규모의 협력체계를 통해 힘을 합칠 줄은 알았다. 그 안에서 지혜와 기술이 전승되고, 자원을 이용할 수 있게 되었다.

공감과 배려, 관용과 이해는 윤리적 정당성뿐만이 아니라 현실적 이익에도 충분히 부합한다. 다양성이 교차하면 새로운 아이디어와 관계성의 스파크가 일어난다. 이는 더 나은 세상을 상상하고 건설하는 일에 기여한다.

전 세계적인 인기를 구가하고 있는 K-pop이나 한국의 콘텐츠를 보면 알 수 있다. 전통적인 관점에서만 보면 이들은 순수하지 않다. 하지만 어딘가 한국적인 것이 그렇지 않은 것과 섞이며 오묘한 맛을 낸다. 한국의 특수성이 세계의 보편성과 만나 새로움을 낳는다.

현대 사회에서 가장 경계해야 하는 건 순수를 말하는 이다. 교조적인 이데올로기, 종교, 가치관, 신념에 사로잡혀 타인을 배제하고 순수성에 집착하는 사람. 생각해 보면 가장 앞장서서 모두를 비탄에 빠트리는 자는 항상 이런 유형이었다. 완벽한 순수성이란 존재할 수 없다. 존재해서도 안 된다. 사람을 억압하는 일이란 먼지를 털어내거나 살균하는 것과는 다른 차원의 문제니까.

너와 나 사이에 선을 긋고 여기까지가 순수의 영역이라고 말하는 사람에게는 의심의 눈길을 보내자. 상대방을 악마화하고, 그 과정에서 자신을 드높이고자 하는 자에게는 코웃음을 쳐주자.

여러 각도로 '그놈의 MZ세대'를 비춘 건, 기왕 꺼내놓은 이야기가 특정 세대에 대한 단편적인 이해에서 그칠 게 아니라, 견고한 벽에 균열을 내어 물줄기 하나라도 흘러나왔으면 하는 마음에서다. '사람은 사람이다.' 이 당연한 문장이 당연해지는 사회에서 살고 싶어서다.

사람은 사람을 알고 싶은 마음에 특정한 이름표를 서로에게, 그리고 자신에게 붙인다. 'MZ세대'나 기성세대 같은 구분법도 마찬가지다. 이름표 자체가 문제라며 펄쩍 뛰고 싶지는 않다. 아무런 배경지식 없이 서로를 받아들이기에 사람은 저마다 너무 다르니까. 다만 그 이름표에 어떤 의미를 부여하느냐에 따라, 또 어떤 감정이 뒤섞이느냐에 따라 결이 달라진다.

<에브리씽 에브리웨어 올 앳 원스>(2022)는 긴 제목만큼이나 혼란스러운 영화지만 가장 중요한 메시지는 의외로 꽤 친절하게 주어진다. 두 집단이 서로를 공격하기 위해 대치한 상황. 한 인물이 간절하게 말한다. 우리는 지금 너무 겁을 먹은 거라고. 무슨 일이 일어나고 있는지 혼란스러우니까. 그래서 우린 서로에게 다정해야 한다고. 뭐가 뭔지 모를 지금과 같은 상황에서는 특히나. 모두에게 필요한 건 다정함이다. 최선을 다한 다정함.

– 자존감 말고 타존감

2030세대를 관통하는 여러 키워드 중 유독 눈에 띄는 건 자존감이다. 자존감은 자아존중감의 준말로 자기 자신을 있는 그대로 받아들이고 사랑하는 태도를 말한다. 이는 개인주의라는 세대 특성과 맞물려 '세상에서 가장 소중한 건 나'라는 하나의 심상을 심어주었다.

이런 선언은 역설적으로 '나'를 존중하지 않는 한국 사회의 현주소를 들춘다. 개인의 욕구란 결국 시대의 결핍에서 오기 때문이다. 굶주리면 경제적 기반을, 억눌리면 정치적 자유를 원한다. 개인주의도, 공동체주의도 제대로 무르익지 않은 사회다. 젊은 세대는 자신이라도 지키자며 방패를 꺼내 든다.

'그 누구도 나를 해할 수 없다, 그 무엇도 나보다 중요하진 않다, 나는 나로 살아가기로 마음먹었다' 서점을 떠돌든, 유튜브를 보든, 블로그 글을 읽든 심심찮게 찾아볼 수 있는 거대한 테마다. 글을 쓰고 있는 나 역시 관련 콘텐츠의 열렬한 소비자였음을 감출 생각은 없다.

하지만 자존감 담론 내에서 무언가 삐걱대고 있다. '나'에 대한 찬가가 넘쳐나지만, '나'를 함부로 침범하는 외부 세계에 단호히 대처할 수 있게 되었지만, 어쩐지 뒷맛이 개운하지 않다. 물론 자존감을 지킨다고 해서 혹자가 말하듯 '이기적이고 자기밖에 모른다'고 일갈할 수는 없다. 그만큼 이 사회가 개인을 여러 형태로 짓밟아 온 건 부정할 수 없는 사실이니까.

자존감이 한 개인을 평가하는 수치로 변질하고 있다. 자기를 존중하는 마음에 점수를 매길 수는 없다. 높고 낮음 역시 상대적인 비교일 뿐이다. 남을 무시하면 자아를 존중하는 것이고, 남을 배려하면 자아를 존중하지 않는 걸까? 꼭 타인을 누르고 내가 올라가야만 그게 옳은 걸까?

이런 상황에 발맞추어 '자존감을 높이는 10가지 방법'이나 '자존감 높은 사람의 10가지 특징' 같은 미심쩍은 제목을 달고 여러 콘텐츠가 쏟아진다. 자존감이 높으면 무조건 좋다는 인식에서 빚어진 결과물이다. 이 시점에 한 가지 질문을 던져야 한다. 정말 자존감만 있으면 되는 걸까?

물론 자신을 존중하려는 그 마음이야 얼마든 가져도 좋다. 자기 비하나 혐오에 빠지는 것보다는 낫다. 하지만 자존감이란 이리저리 출렁이기 마련이고, 일정 수준 밑으로 떨어진다고 해서 삶이 바로 무너지진 않는다. 어제는 자신이 미웠다가, 오늘은 좋았다고 하는 게 자연스러운 사람의 모습이다. 이걸 항상 높은 수준으로 맞추겠다는 건 언제나 행복하겠다는 다짐만큼이나 부질없는 시도다.

무엇보다 나에 대한 존중만을 내세우다 보니 타인을 존중하지 않는 태도로 이어질 공산이 크다. 사실 한국 사회에서 나타나는 굵직한 사회 문제는 자신을 충분히 존중하지 않아서가 아니라, 다른 사람을 존중하지 않아서 나타난다. '자신을 존중하자'는 구호는 '자신만 존중받으면 된다'는 도그마로 변질한다. 여기에 세상을 제로섬으로 보는 시각이 더해지면 어떻게든 상대를 깔아뭉개려는 아수라장이 펼쳐진다.

그래서 누구나 자존감을 이야기하는 이 시점에, 조심스레 타아 존중감, '타존감' 담론을 꺼내본다. 자신뿐만이 아니라 타인을 존중하는 마음. 한국 사회에 부족한 건 바로 타존감이다.

책 『휴먼카인드』에 따르면 인간은 생각보다 이타적인 생명체다. 공감 능력과 배려심도 강하다. 전쟁과 같은 극단적인 상황에서도 대부분의 병사는 적을 향해 총을 발사하지 않고 허공에다 총알을 낭비한다.

그렇다면 그 수많은 학살과 전쟁과 혐오는 어떻게 된 걸까? 문제는 공감 능력에 있다. 공감은 내집단 사이에서는 끈끈한 네트워킹을 가능하게 하지만, 반대로 외집단에 대한 강한 거부감과 적개심을 불러올 수 있다. 그래서 뤼트허르 브레흐만은 책에서 '공감하지 말고 연민하라'고 말한다.

타인을 존중하는 마음 저변에는 연민이 있어야 한다. 약자를, 소수자를, 이웃을, 친구를, 가족을, 이방인을 연민해야 한다. 연민은 동정과는 다르다. 동정은 우월성을 전제로 베푸는 정신적 시혜다. 연민은 동등한 존재에 대한 존중이다.

불교는 삶이 곧 고통이라고 가르친다. 기독교는 사람이 저마다의 십자가를 지고 있다고 말한다. 산다는 건 힘든 일이다. 정도의 차이가 있을 뿐이다. 그리고 필연적 고통에 맞서 인간이 찾아낸 유일한 해법은 살을 맞대고 의지하는 것이다. 인간(人間)은 사람과 사람 사이를 의미한다. 사람 인(人) 역시 두 사람이 서로 등을 대고 있는 모습을 형상화한 글자다.

'나'는 '너' 없이 존재할 수 없다. '나에 대한 존중'은 '너에 대한 존중' 없이는 존재할 수 없다. 타존감은 자존감의 반대말이 아니라 전제조건이다. 아무도 타인을 존중하지 않는다면 결과적으로 자신 역시 존중받지 못할 것이므로.

타인을 존중하라. 이는 단순한 도덕적 명제가 아닌 상호간의 계약이다. 나도 너를 존중할 테니, 너도 나를 존중해달라는 최소한의 계약. 사회는 서로 적대하는 인간이 아닌 협력하는 인간이 있어야 돌아간다.

타인은 나를 비추는 거울이자 세상을 보는 창이라는 말

이 있다. 우리에겐 서로가 필요하다. 누구보다 자기 자신을
위해서.

MZ세대 수난기

자존감? 타존감!

발행일 ㅣ 2023년 11월 16일

지은이 ㅣ 신건희
펴낸이 ㅣ 마형민
편　집 ㅣ 임수안
펴낸곳 ㅣ (주)페스트북
주　소 ㅣ 경기도 안양시 안양판교로 20
홈페이지 ㅣ festbook.co.kr

* (주)페스트북은 '작가중심주의'를 고수합니다. 누구나 인생의 새로운 챕터를 쓰도록 돕습니다. Creative@festbook.co.kr로 자신만의 목소리를 보내주세요.